JN121028

職場の
受動喫煙防止
の進め方

改正健康増進法対応！

一般社団法人 日本労働安全衛生コンサルタント会 編著

中央労働災害防止協会

はじめに

世界の動きに合わせて取組みが進められているわが国のたばこ対策も、平成30(2018)年7月に受動喫煙防止を強化する改正健康増進法が成立し、令和元(2019)年7月1日より一部施行となり、第一種施設（学校・病院・児童福祉施設等、国や地方公共団体庁舎など行政機関）の敷地内禁煙がスタートしました。

第二種施設（事務所、工場、ホテル・旅館、飲食店、旅客運送事業船舶・鉄道、国会、裁判所等）は、令和2年4月1日より原則屋内禁煙（喫煙を認める場合は喫煙専用室などの設置が必要）が施行となります。

令和元年7月1日に敷地内禁煙をスタートした行政機関は、10都府県と報道されました。これらの地方行政機関では条例を策定し、敷地内に駐車中の車内での喫煙や敷地外で周辺に迷惑となる喫煙の禁止も規定するとともに、喫煙者には禁煙の相談や指導を行うなど、禁煙に向けた取組みの強化も図られています。

職場における受動喫煙についても、健康増進法改正をふまえて策定された、「職場における受動喫煙防止のためのガイドライン」（令和元年7月1日基発0701第1号）が厚生労働省から示され、各職場でも、「人が他人の喫煙によりたばこから発生した煙にさらされる」という受動喫煙の防止が求められています。積極的に受動喫煙防止に取り組むとともに、社内喫煙者への禁煙支援など喫煙者の卒煙をサポートし、喫煙者の健康を取り戻すことも大切です。

従業員を大切にするトップのなかには、以前からたばこについて学び、自身も率先して禁煙した方もいます。健康づくり施策として積極的に喫煙対策に取り組み、喫煙者ゼロを達成し、業績を伸ばす会社もあります。昨今「健康経営」が注目されていますが、その重要な取組みとして、たばこ対策を進める会社も多くなっています。

職場の受動喫煙防止対策を効果的に進めるためには、事業者、従業員、そして喫煙者・非喫煙者双方がたばこ煙について正しい知識を持つとともに、健康増進法、職場における受動喫煙防止のためのガイドラインで求められている取組みを理解し、必要な対策を講じることが重要です。そのうえで、職場の喫煙者への禁煙支援・指導も進めることが望まれます。

本書がこれらの取組みの参考として、そして事業所の健康度の向上に役立てば幸いです。

令和2年3月　（一社）日本労働安全衛生コンサルタント会

第１章

「改正健康増進法」
変わる職場の
受動喫煙防止対策

改正された健康増進法のポイントは？ 施行はいつから？

(1) 健康増進法改正の趣旨と概要

平成 30（2018）年に健康増進法における、受動喫煙防止に関しての考え方とその具体的な対策を規定していた部分が改正されました。その趣旨は以下のとおりです。

> 望まない受動喫煙の防止を図るため、多数の者が利用する施設等の区分に応じ、当該施設等の一定の場所を除き喫煙を禁止するとともに、当該施設等の管理について権原を有する者が講ずべき措置等について定める。
> 【基本的考え方】
> 第１：「望まない受動喫煙」をなくす
> 第２：受動喫煙による健康影響が大きい子ども、患者等に特に配慮
> 第３：施設の類型・場所ごとに対策を実施

改正された健康増進法（以下「改正健康増進法」という。）第６章「受動喫煙防止」（令和２年４月１日の全面施行後の条文番号で第 25 条～第 42 条、第 76 条～第 78 条）では、「学校、児童福祉施設、病院、診療所、行政機関の庁舎、事務所、工場、ホテル・旅館、飲食店、旅客運送事業船舶、鉄道、国会、裁判所」その他の多数の者が利用する施設を管理する者は、これらを利用する者について受動喫煙を防止するために必要な措置を講ずるように努めなければならないことになりました。

適用除外は住居、ホテル・旅館等の個室、自家用車など個人が利用する部分に限られています。「多数の者が利用する」とは、「２人以上が利用する」という行政の解釈ですので、通常我々が出入りする施設等はすべてがその対象と考えられます。

したがって、多数の者が利用する施設を管理する者や関係者は望まない受動喫煙が生じないよう、受動喫煙を防止するための措置を総合的、効果的に推進するよう努めなければなりません。

全面施行は令和２（2020）年４月１日です。

改正の概要は**表 1-1** のとおりです。

表 1-1　改正健康増進法の体系

<table>
<tr><th colspan="3">改正健康増進法の体系</th><th>施行期日</th></tr>
<tr><td>第一種施設
・学校、児童福祉施設
・病院 、診療所
・行政機関の庁舎 等</td><td>敷地内禁煙</td><td>屋外で受動喫煙を防止するために必要な措置がとられた場所に、喫煙場所を設置することができる。</td><td>令和元年
7月1日</td></tr>
<tr><td>第二種施設
・事務所
・工場
・ホテル、旅館
・飲食店
・旅客運送事業船舶、鉄道
・国会、裁判所　等

＊個人の自宅やホテル等の客室など、人の居住の用に供する場所は適用除外</td><td>原則　屋内禁煙</td><td>喫煙を認める場合は、喫煙専用室の設置が必要。以下から選択。
①　屋内禁煙

②　喫煙専用室（喫煙のみ、飲食不可）

③　加熱式たばこ専用喫煙室（飲食可）

</td><td rowspan="3">令和２年
４月１日</td></tr>
<tr><td>【経過措置】
既存の経営規模の小さな飲食店
・個人または中小企業が経営
・客席面積 100 ㎡以下</td><td rowspan="3">喫煙可</td><td>喫煙可能な場所であることを明示。

</td></tr>
<tr><td>喫煙目的施設</td><td>施設内で喫煙可能。</td></tr>
<tr><td>屋外や家庭など</td><td>喫煙を行う場合は、周囲の状況に配慮。
例）できるだけ周囲に人がいない、また子どもや患者等、特に配慮が必要な人がいない場所で喫煙する。</td><td>令和元年
1月24日</td></tr>
</table>

※　喫煙可能な場所〈共通〉　①　喫煙可能な場所であることの掲示が義務
②　客・従業員ともに 20 歳未満は立ち入れない

(2) 改正の注目点

改正健康増進法の注目すべき特徴は、望まない受動喫煙を防止することを基本に、受動喫煙による健康影響が大きい子どもや患者などに特に配慮するため、各施設等を類型化し、それぞれに行うべき措置を決めたことです。以下に類型に従って解説します。

ア　学校、児童福祉施設、病院、診療所、行政機関の庁舎等（第一種施設）

学校、児童福祉施設、病院、診療所、行政機関の庁舎などでは、屋内のみならず敷地内禁煙となりました。これは受動喫煙による健康影響を受けやすい者が利用する施設であることを考慮したものです。敷地内に受動喫煙防止措置を講じた喫煙所を設置することは可能（この部分は令和元年７月から施行）ですが、20歳未満の者の立ち入りは禁止です（立入禁止の掲示が必要）（**図1-1**）。

なお、健康保険適用の禁煙外来のある病院は敷地内全面禁煙でなければなりません。

イ　事務所、工場、ホテル、旅館、飲食店など（第二種施設）

事務所、工場、ホテル、旅館、飲食店などでは令和２（2020）年４月１日から原則屋内禁煙です。下記に示す必要な技術的基準を満たしたうえで、屋内に喫煙室を設けることは認められます（喫煙専用室、指定（加熱式）たばこ専用の喫煙室）。屋外の喫煙所の設置も可能ですが、それぞれ20歳未満の者の立入りは禁止です（立入禁止の掲示が必要）（**図1-2**）。

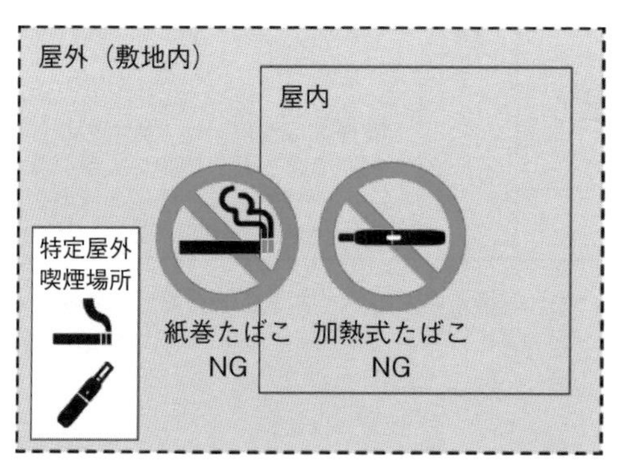

図1-1　学校、病院など、屋外に喫煙場所
（出典：千葉県ホームページより）

技術的基準

1．出入口において、室外から室内に流入する空気の気流が0.2m毎秒以上であること。
2．たばこの煙が室内から室外に流出しないよう、壁、天井等によって区画されていること。
3．たばこの煙が屋外または外部に排気されていること。
4．第二種施設等の屋内または内部の場所が複数階に分かれている場合、階ごとに喫煙、禁煙に分けることができる。その際、前項（1、2、3）の規定にかかわらず、喫煙階から禁煙階にたばこの煙が流出しないよう、壁、天井等によって区画されていること（特例による小規模飲食店や喫煙目的施設においても同様である）。

①喫煙専用室

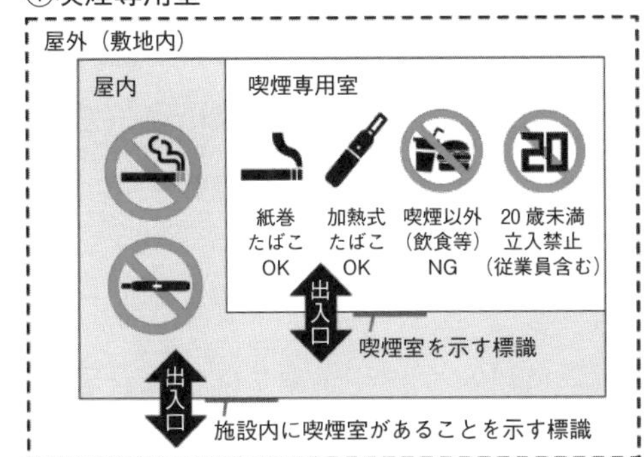

②加熱式たばこ専用喫煙室

図1-2　事務所、商業施設　屋内に喫煙室、加熱式たばこ専用喫煙室も可能
（出典：千葉県ホームページより）

③喫煙可能室

④屋内全面喫煙可

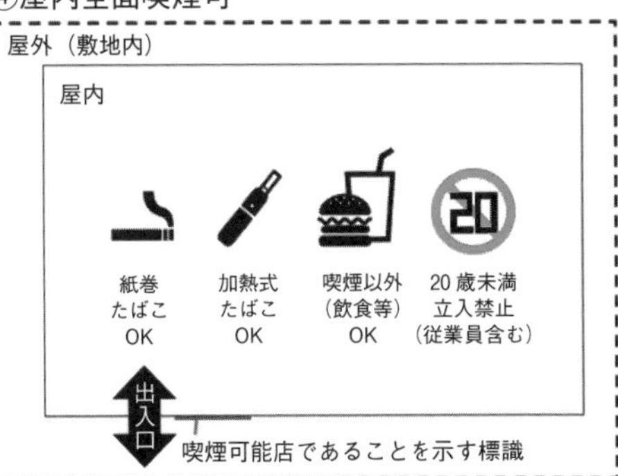

図1-3　飲食店での受動喫煙防止対策
（出典：千葉県ホームページより）

ウ 既存小規模飲食店の特例（喫煙可能室の設置）

飲食店は原則屋内禁煙で、喫煙専用室を設けなければ喫煙できません。しかし、経過措置として、既存の経営規模の小さな飲食店の店舗（資本金または出資の総額が5,000万円以下で客席面積が100㎡以下）では、喫煙可能な店であるとの標識を掲示したうえで喫煙が可能となりました。これを「喫煙可能室」といいます。

ここでも20歳未満の者の立入りは禁止で、これは客としても従業員としても同様です。ただし、喫煙専用室と同等の煙流出防止措置がとられている場合は、同じ店内の非喫煙スペースへの20歳未満の者の立入りは可能です。例えば禁煙措置がとられている厨房などでは20歳未満の者も働くことができます（図1-3）。

客席面積が100㎡以下でも、大型のチェーン店や新規出店、経営者が変わった場合などは、この特例から除外されており、喫煙室の設置など受動喫煙対策をとらなければ喫煙できないとされております。なお、施設が複数階に分かれている場合は、技術的基準（5頁参照）を満たしたうえで壁、天井等で区画し、喫煙階と禁煙階を分ける取扱いも可能です。もちろん、全面禁煙を選択することもできます。

エ 喫煙目的施設

喫煙目的のためにある施設（喫煙目的施設）にはシガーバーやたばこ販売店などがあります。ここではその施設全体、あるいは一部に喫煙目的室を設けることができ、その室内では、たばこを吸いながら飲食等をすることができます。その場合その施設が喫煙室の技術的基準と以下に示す要件を満たしている必要があります。

〈喫煙目的施設の要件〉

・たばこの対面販売をしていること。

・通常主食として認められる食事を提供していないこと。

・たばこ販売店では設備を設けて飲食をさせていないこと。

・喫煙目的室である旨、20歳未満立入禁止である旨の掲示が必要。

オ ホテル、旅館など

個室の中は基本的に健康増進法の適用はありません。客室は禁煙、喫煙を選べるようにすることはできますが、ある個室を日によって禁煙室にしたり、喫煙室にしたりすることは好ましくありません。共用部分は原則禁煙です。喫煙専用室の設置は認められています（掲示が必要）。

カ　加熱式たばこについて

加熱式たばこに関しては、健康影響の科学的知見が少ないという理由から加熱式たばこ専用の喫煙室を設ければ、その中で加熱式たばこを吸い、飲食店では飲食をすることも認めるということになりました。いままでの喫煙室はもっぱら喫煙のためだけに使用することとなっており、原則としてその部屋を他の目的のために使用することは禁じられていました。飲食も認められていませんでしたので、大きな改正点です。

キ　20歳未満の者への配慮

従来の健康増進法では、従業員のうち妊産婦や未成年者が喫煙室に入ることは健康影響の観点から望ましくないため、できるかぎり出入りを避けるよう「経営者が配慮する」となっていました。しかし、今回の改正健康増進法で、喫煙専用室、加熱式たばこ専用の喫煙室、喫煙可能な100㎡以下の飲食店などには20歳未満の者を立ち入らせてはならないことになりました。客としても立ち入りは禁止されています。

したがって、事業者は20歳未満の者を喫煙専用室などに案内してはいけません。また、20歳未満の者をそれらの部屋に業務として立ち入らせることも認められません。例えば清掃作業のための立入りなどもそれに該当しますので、事業者は注意が必要です。

ただし、前述のとおり喫煙専用室と同等の煙の流出防止措置を講じている非喫煙スペースで働くことは可能です(禁煙の厨房で働くなど)。これはあくまで非喫煙スペースへの立入りのみです。

なお、20歳以上であっても、受動喫煙を望まない従業員については、喫煙区域に立ち入る必要がないよう、勤務シフトなどを工夫する必要があります。

図1-4　加熱式たばこ専用の喫煙室の表示

ク　掲示

その場所が喫煙可能であるか、禁煙であるか等を利用者に一目で分かるようにするため、掲示が求められており、**図 1-5** の標識例が行政から提案されています。

ただし、これはあくまで例であって、必要条件が記載されていれば、その施設、事務所、店舗などの雰囲気にあった独自のデザインの掲示で差し支えありません。

図 1-5　標識の例

② 職場の受動喫煙防止対策に関連する法令等の内容は？

職場の受動喫煙防止対策は、そこで働く人に対する受動喫煙の防止を図ることです。これに関係する法令等については、改正健康増進法と労働安全衛生法があり、さらに、この両法を踏まえて策定された「職場における受動喫煙防止のためのガイドライン」（以下「ガイドライン」という。）があります。

このほか、各都道府県においては、受動喫煙防止に関する条例が制定されている場合もあります。

事業場に対する法令の中心は労働安全衛生法ですが、改正健康増進法と条例も事業場への適用があります。このため、事業場においては、これらすべてに対応することが求められます。

ここでは、これらの法令等についてその概要を紹介します。改正健康増進法については、本書の第１章と巻末の関係法令で、ガイドラインによる受動喫煙防止については第２章で詳細に紹介しています。

(1) 改正健康増進法における受動喫煙防止

「第６章 受動喫煙防止」で規定され、受動喫煙は次のように定義されています。

> （定義）
> **第28条第1項第3号**　受動喫煙　人が他人の喫煙によりたばこから発生した煙にさらされることをいう。

(2) 労働安全衛生法における受動喫煙防止

「第７章 健康の保持増進のための措置」の中で次のように健康増進法の定義を引用し規定されています。

> （受動喫煙の防止）
> **第68条の2**　事業者は、室内又はこれに準ずる環境における労働者の受動喫煙（健康増進法第28条第1項第3号に規定する受動喫煙をいう。第71条第1項において同じ。）を防止するため、当該事業者及び事業場の実情に応じ適切な措置を講ずるよう努めるものとする。

(3) 職場における受動喫煙防止のためのガイドライン

労働安全衛生法や改正健康増進法を受けて、事業者と労働者が具体的に職場で何を実施すべきかについては、令和元年7月1日基発0701第1号「職場における受動喫煙防止のためのガイドライン」で次のように示されています。

> ① 事業者は、職場における受動喫煙防止対策を効果的に進めるためには、企業において組織的に実施することが重要であり、衛生委員会等の場を通じて、労働者の受動喫煙防止対策についての意識・意見を十分に把握し、事業場の実情を把握した上で、適切な措置を決定すること。
> ② 労働者は、事業者が決定した措置や基本方針を理解しつつ、衛生委員会等の代表者を通じる等により、必要な対策について積極的に意見を述べることが望ましいこと。

その他、対策の進め方や実施例については、次章以降で詳しく解説します。

(4) 健康増進法、ガイドライン、条例の比較

表1-2に、条例の代表的なものとして、東京都の受動喫煙防止条例を加え、比較表を示しました。東京都受動喫煙防止条例は健康増進法などに比べて、より厳しい内容となっています。

表1-2 「健康増進法」、「職場における受動喫煙防止のためのガイドライン」、「東京都受動喫煙防止条例」の比較

		健康増進法	職場における受動喫煙防止のためのガイドライン	東京都受動喫煙防止条例
第一種施設	幼稚園・保育所、小中高	敷地内禁煙、屋外に喫煙場所設置可 ※1	健康増進法と同じ	敷地内禁煙、屋外喫煙場所設置不可
	大学、医療施設、児童福祉施設、行政機関の庁舎など			健康増進法と同じ
第二種施設	事務所、事業所、ホテル、船舶、鉄道など	原則屋内禁煙、喫煙室等設置可		健康増進法と同じ
	大規模飲食店 ※2	原則屋内禁煙、喫煙室等設置可		原則禁煙、喫煙室設置可
	小規模飲食店 ※3	届け出をしたうえで店の全部または一部を喫煙可能室とすることは可。禁煙を選ぶこともできる		・従業員のいない場合 禁煙、喫煙を選択。一部または全部で喫煙可(喫煙可能室) ・従業員がいる場合 禁煙か喫煙室設置

加熱式たばこ	・喫煙専用室、加熱式たばこ専用喫煙室で喫煙可 ・加熱式たばこ専用喫煙室では飲食等可 ※4		健康増進法と同じ
20歳未満の者の立入り	喫煙室、加熱式たばこ専用喫煙室、喫煙可能な飲食店では客、従業員とも立入禁止 ※5	・20歳未満の労働者を喫煙室等に案内してはならない ・20歳未満の労働者を喫煙室等で業務を行わせてはならない ※6	健康増進法と同じ
20歳以上の者について	望まない受動喫煙の防止	・望まない受動喫煙を防止するため勤務シフトなどの配慮 ・喫煙専用室等の清掃作業は換気を十分したのちに実施 ・業務用車両内での望まない受動喫煙防止の配慮	健康増進法と同じ
健康管理		・事業場における受動喫煙防止対策の状況を衛生委員会等の調査審議事項とする ・産業医の職場巡視時に受動喫煙防止対策の実施状況に留意する	
労働者の募集にあたって		労働者の募集、求人の際は、就業場所の受動喫煙防止措置を明示すること ※7	
掲示	掲示義務	健康増進法と同じ	掲示義務、飲食店で全面禁煙の場合であってもその旨掲示が必要（努力義務）
罰則等	指導・助言、勧告、公表、命令、過料など ※8		指導・助言、勧告、公表、命令、（立入検査）、過料など ※9
適用除外	住居、旅館・ホテルの個室、自家用車など		健康増進法と同じ

※1　健康保険適用の禁煙外来を開いている医療施設は敷地内全面禁煙でなければならない
※2　大資本のチェーン店など（資本金5,000万円超、客席面積100㎡超、また新規開業）
※3　既存であること。資本金5,000万円以下かつ客席面積が100㎡以下が要件
※4　施設全体を加熱式たばこ専用室にすることは不可
※5　喫煙室と同様の煙流出防止措置を講じている場合は非喫煙スペースへの立入りは可能
※6　例として、清掃作業などは不可
※7　例えば、就業場所が全面禁煙である、屋内禁煙である（ただし喫煙専用室等がある、屋外喫煙場所がある）など。
※8　過料　管理者50万円以下、喫煙者（命令違反など）30万円以下、書類の保存ナシ20万円以下
※9　過料　管理者5万円以下、喫煙者（命令違反など）3万円以下、帳簿の不備・虚偽など2万円以下

注）青は東京都の条例独自の規定

国際的な受動喫煙防止対策の取組みはどうなっていますか？

(1) WHO たばこ規制枠組条約

平成 15（2003）年の世界保健機関（WHO）の総会で「たばこの規制に関する世界保健機関枠組条約」が全会一致で採択されました（FCTC と略されることがあります）。世界で 170 以上の国が批准しており、日本もこの条約の締約国です。締約国は以下に示す内容を実施する義務を負っています。

【WHOたばこ規制枠組条約】
（日本は 2004 年６月批准、2005 年２月発効）
第８条　たばこの煙にさらされることからの保護
1　締約国は、たばこの煙にさらされることが死亡、疾病及び障害を引き起こすことが科学的証拠により明白に証明されていることを認識する。
2　締約国は、屋内の職場、公共の輸送機関、屋内の公共の場所及び適当な場合には他の公共の場所におけるたばこの煙にさらされることからの保護を定める効果的な立法上、執行上、行政上又は他の措置を国内法によって決定された既存の国の権限の範囲内で採択し及び実施し、並びに権限のある他の当局による当該措置の採択及び実施を積極的に促進する。

【WHOたばこ規制枠組条約第８条の実施のためのガイドライン】＊
（2007 年７月採択）
1　100％禁煙以外の措置（換気、喫煙区域の使用）は、不完全である。
2　すべての屋内の職場、屋内の公共の場及び公共交通機関は禁煙とすべきである。
＊本ガイドラインは、締約国が条約第８条に定められた義務の遂行を支援することを目的とするものである。

(2) 東京オリンピック・パラリンピックに向けての受動喫煙防止対策

記憶に新しい平成 28（2016）年に行われたリオデジャネイロでのオリンピック・パラリンピック、および平成 30（2018）年の平昌（ピョンチャン）での冬季オリンピックでは飲食店を含めてすべての屋内で完全禁煙の措置がとられ、実施に当たっては罰則も定められました。

これは平成 22（2010）年に WHO と IOC（国際オリンピック委員会）がたばこのないオリンピックを共同で推進することで合意したことに従ったためです。

わが国においても平成 27（2015）年 11 月 27 日の閣議決定で「受動喫煙防止につ

いては、健康増進の観点に加え、近年のオリンピック・パラリンピック競技大会開催地における受動喫煙に対する法規制の整備状況を踏まえつつ、競技会場及び公共の場における受動喫煙防止対策を強化する」としています。改正健康増進法は東京での令和2（2020）年東京オリンピック・パラリンピック開催を視野にいれた法改正とも考えられ、その完全な実施と法の範囲を超えた完全な「煙のない社会」を実現するよう関係者の努力が求められていると思われます。

(3) 各国の受動喫煙防止対策の概要

世界的にみると平成29（2017）年の時点で、公共の場所を屋内全面禁煙にしている国は55カ国あり、そのような場所での受動喫煙防止は国際的にみて常識となっています（図1-6）。

平成30（2018）年の健康増進法改正を経ても、先進諸国と比べて日本はかなり遅れている状況は否めません。

今回の法改正を足掛かりに、より一層の受動喫煙防止対策の拡大、ひいては職場、飲食店、公共施設等の全面禁煙へ進展するよう、努力を傾ける必要があります。

世界の受動喫煙規制状況について（WHOの調査）

○　世界の186か国中、公衆の集まる場（public places）全て（8種類）に屋内禁煙義務の法律があるのは55カ国
○　日本は、屋内禁煙義務の法律がなく最低区分

→　今回の健康増進法改正で区分は1ランク引き上がる

禁煙場所の数	国数	代表的な国
8種類すべて	55カ国	英国、カナダ、ロシア、ブラジル、スペイン、ノルウェー等
6～7種類	23カ国	ポルトガル、インド、ハンガリー等
3～5種類	47カ国	ポーランド、韓国、シンガポール等
0～2種類	61カ国	日本、米国、ドイツ、マレーシア等

公衆の集まる場（public places）とは、
①医療施設　②大学以外の学校　③大学　④行政機関（国会等を含む）
⑤事業所　⑥飲食店　⑦バー　⑧公共交通機関

（出典："WHO report on the global tobacco epidemic. 2017"）

図1-6　世界の受動喫煙防止―法規制の現状（2017年）

コラム１ 貝原益軒（かいばらえきけん）『養生訓』

図 江戸時代から吸われていたたばこ

たばこの日本への伝来については、正確な年代や状況は、日本およびヨーロッパともに現存する明確な記録がないため、分っていません。諸説ありますが、天文12（1543）年に種子島に漂着したポルトガル人が、鉄砲とともに伝えたとする説と、慶長10（1605）年前後に、ポルトガルやスペインなどの南蛮（西欧諸国）から渡来したとする2説が有力視されています。

たばこは江戸文化に溶け込み、欠かせない風俗の一つとなり、庶民にとっては身近な楽しみでした。来客へのもてなしのひとつとなるなど、社交の場でも使われ、行楽や旅にも携えられました。

しかし、たばこが伝来してまだ日の浅いこの時期に、江戸時代の本草学者である貝原益軒は『養生訓』（正徳2（1712）年、全8巻）の中で、「烟草は性毒あり。煙をふくみて眩ひ倒るゝ事あり。習へば大なる害なく、少は益ありといへ共、損多し。病をなす事あり。又、火災のうれひあり。習へばくせになり、むさぼりて、後には止めがたし。事多くなり、いたつがはしく家僕を労す。初めより含まざるにしかず。貧民は費多し。」と記し、たばこは本来毒であり、病気や火災につながる。習慣になるとやめられず、貧しい者には金も掛かる、とすでにたばこの害を説いています。

第２章

職場の受動喫煙防止の進め方

労働者の健康保持増進へ

喫煙や受動喫煙の健康影響についてはすでによく知られています。事業者が喫煙・受動喫煙の健康への脅威から従業員を守ることは、広い意味での安全衛生配慮義務として考えるべきでしょう。以前は職場での受動喫煙防止が快適職場づくりの一環として考えられていたのですが、現在では働く人の健康の保持増進として位置づけられており、企業が職場での受動喫煙防止対策を企業の責任において実施しなければならない状況にあります。

当然ですが、従業員が心身ともに健康で仕事に取り組めるということは、仕事を円滑に進めるうえで必要な要素です。

喫煙に関係した企業のリスクには、どのようなものがありますか？

(1) 喫煙・受動喫煙のコストとリスク

職場に喫煙・受動喫煙が存在するとどのようなコストやリスクがあるかを考えてみます。

たばこを吸っている従業員の行動で一番目につくことは喫煙のための離席です。このための仕事のロスは無視できないコストになっています。また喫煙・受動喫煙により疾病を惹起(じゃっき)しますので、その病休によるコストが挙げられます（これを「アブセンティーズム」といいます）。これまでの研究によれば、1年間の全傷病休業発生率（%）は、労働者数10万に対して非喫煙者14.3、喫煙者17.5と、喫煙者のほうが休業することが多く、傷病休業日数率（労働日数10万対）でも非喫煙者359、喫煙者456であり、有意の差がみられています[1]。出勤してきても作業能率の低下は避けられず（この事象は「プレゼンティーズム」といいます）、喫煙者と非喫煙者のあいだには明らかな差があることが指摘されています。

空間分煙をした場合には事務所内に喫煙室を作らなければならないので、当然そのスペース、換気扇の電力、清掃の手間なども大きなコストとなり、企業負担は少なくありません。

また喫煙・受動喫煙による疾病のための医療費の増大は無視できないほどになっています。それが健康保険の事業者負担を増大させていることになります。例えば**図2-1**でみると、禁煙の場所の範囲が職場、職場＋レストラン、職場＋レストラン＋居

1　武藤孝司、櫻井治彦　男性労働者の喫煙習慣と傷病休業との関連　日本公衆衛生学会雑誌　1992年　第39巻387-397

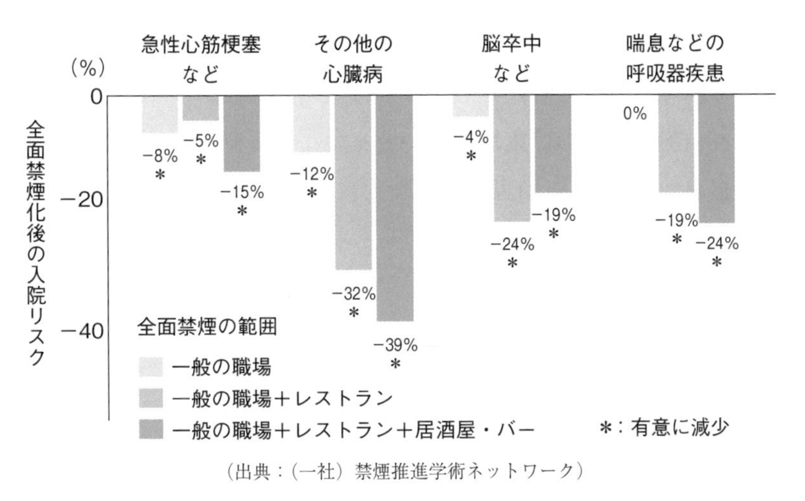

（出典：（一社）禁煙推進学術ネットワーク）

図 2-1　全面禁煙化と病気による入院リスクの減少

酒屋・バーと広がるにつれて、心血管疾患や呼吸器疾患で入院するリスクが低下することが明らかになっています。これは喫煙者の喫煙機会が減ることとともに、受動喫煙の機会も同時に減少した結果と考えることができます。

(2) 火災、労災のリスク

たばこのリスクの最たるものは火災の危険でしょう。敷地内禁煙でないかぎりたばこによる火災の危険は存在します。可燃性の化学物質が存在していることも工場や製造現場ではよくあることなので、燃えやすいものの近くでたばこを吸うことなどによる火災のリスクは大きいものです。

また、喫煙者、受動喫煙者で労働災害のリスクに関する研究では、喫煙者は非喫煙者に比べて軽微なけがを含む労働災害の発生が 1.7 倍ありました。また受動喫煙では統計的な有意差はなかったものの受動喫煙がときどきある場合は 1.1 倍、常にある場合 1.7 倍の労働災害のリスクがあったということです。

(3) 訴訟、罰則のリスク

受動喫煙防止は、労働安全衛生法では、罰則がついている規定ではありませんが事業者の努力義務となっており、また事業者は労働者の生命、健康を保護するよう配慮する義務（安全配慮義務）を負っています。それを根拠に受動喫煙による被害の損害賠償を求める民事訴訟が起こされ、30 万円の損害賠償金や 700 万円の和解金を払った実例もあります。

行政通達でも受動喫煙防止に関して特に配慮すべき対象として、未成年者や妊婦を挙げており、それらについても注意しなければなりません。

なお、平成30（2018）年の健康増進法の改正により受動喫煙防止規定を守らなかった事業者は、最終的には50万円以下の過料も科せられることになっています。

②「働き方改革」、「健康経営」の観点からみた受動喫煙防止の位置づけは？

現在は過重労働の防止などから「働き方改革」が叫ばれており、労働時間管理ばかりでなく、働く環境の整備への目も厳しくなっています。

法令を守るだけで事業者が評価されるわけではなく、働いているものが健康で意欲的に働ける環境が整えられているかどうかが必須条件になっているといってもいいでしょう。その条件の1つとして禁煙・受動喫煙防止対策が適切に行われているかどうかがあります。

最近の新しい考え方として「健康経営」がありますが、これは企業が従業員の健康に配慮した経営を実施していき、そのことで従業員の意欲を向上させ、ひいては経営にプラスに作用させることです。さらにそのことが企業の社会的評価を向上させ、好循環をもたらすことを指しています。

経済産業省では「健康経営優良法人認定制度」を設けています。健康増進の取組みをもとに、特に優良な健康経営を実践している大企業や中小企業等を顕彰する制度です。大手企業のうちから健康に関するいくつかの指標をもとに審査をし、健康経営優良法人（大規模法人部門）認定法人のなかで、健康経営度調査結果の上位500法人のみを「健康経営優良法人ホワイト500」として認定し、さらに特に優れているとして一業種一社を「健康経営銘柄」として指定しています。この制度も企業の社会的評価を大きく向上させる一つの方策となっています。

強調したいのは審査において受動喫煙防止対策が必須の評価項目となっていることです。中小企業向けにも同様の制度があり、この指定を受け、健康第一の経営を目指すことが結果として好業績をもたらし、さらに企業イメージの向上が図られることは大きなインセンティブになるものと思われます。

3 組織として職場の受動喫煙防止に取り組むポイントは？

職場の受動喫煙防止については、改正健康増進法をふまえ令和元（2019）年７月に新たに厚生労働省から示されたガイドラインに基づき受動喫煙防止の取組みを行う必要があります。

受動喫煙防止対策で最も重要なことは、トップが受動喫煙防止について十分理解をし、明確に受動喫煙防止の方針を示すことです。そのうえで、単に労働衛生の担当者に任せるのではなく、組織として受動喫煙防止に取り組むことが重要です。

その際は、まず自社の喫煙者や受動喫煙の状況を把握することが必要であり、次のことがポイントになります。

① 喫煙者に対してどう対応するのか。

② 受動喫煙の可能性のある人にどのように対応するのか。

③ これらについて企業のトップとしてどう考えるか。

④ さらに従業員の理解をどう求めていくのか。

ここでは、喫煙者がいることも前提に、ガイドラインで示された対策を基本に必要な対策等を紹介します。

(1) 受動喫煙防止対策の経緯

まずは、職場の受動喫煙防止対策のこれまでの経緯からみてみましょう。②④は法令改正、①③⑤は通達で示された具体的な受動喫煙防止対策です。

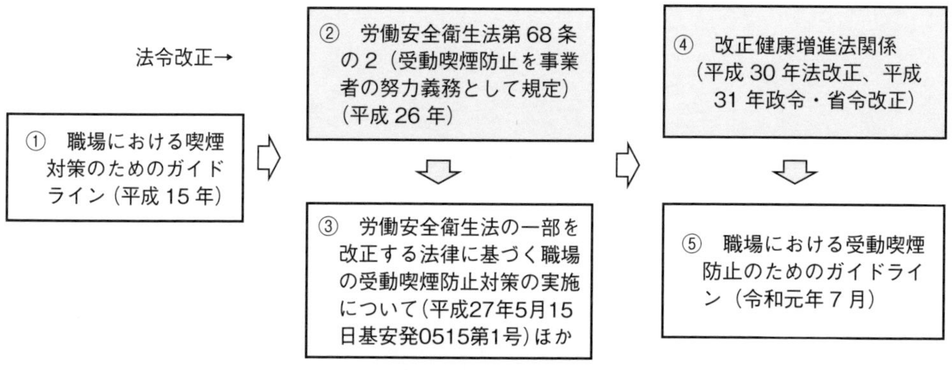

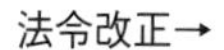

① 職場における喫煙対策のためのガイドライン（平成15年）

⇨

② 労働安全衛生法第68条の2（受動喫煙防止を事業者の努力義務として規定）（平成26年）

③ 労働安全衛生法の一部を改正する法律に基づく職場の受動喫煙防止対策の実施について（平成27年5月15日基安発0515第1号）ほか

⇨

④ 改正健康増進法関係（平成30年法改正、平成31年政令・省令改正）

⑤ 職場における受動喫煙防止のためのガイドライン（令和元年７月）

図2-2　受動喫煙防止対策の動き

ア　労働安全衛生法の健康の保持増進のための措置以前

職場の受動喫煙防止は、当初、労働安全衛生法第7章の2「快適な職場環境の形成のための措置」(第71条の2～第71条の4) として取り組まれました。

職場の受動喫煙の防止の具体的な措置は、平成15 (2003) 年の厚生労働省労働基準局長通達 (平成15年5月9日基発第0509001号) で「職場における喫煙対策のためのガイドライン」(**図2-2**の①) として示されました。

イ　労働安全衛生法の健康の保持増進のための措置以降

受動喫煙防止が平成26 (2014) 年に労働安全衛生法第68条の2で事業者の努力義務とされた (同②) ことから、その具体的な措置は上記ガイドラインに代わり、平成27年5月15日基発0515第1号及び同日付け基安発0515第1号の通達(同③)で示されました。

ウ　令和元年7月「職場における受動喫煙防止のためのガイドライン」

平成30 (2018) 年7月25日に健康増進法が改正され (改正された法を以下「改正健康増進法」同④)、受動喫煙防止の措置が事業者を含め義務付けられたことから、労働安全衛生法による努力義務と併せ、令和元年7月1日に基発0701第1号で「職場における受動喫煙防止のためのガイドライン」(同⑤) が示されました。

今後はこのガイドラインをふまえ、事業者として取組みを進めることが必要です。

なお、労働安全衛生法第68条の2で、「受動喫煙」の定義は、「健康増進法第25条の4第3号 (令和2年4月1日からは同法第28条第3号) に規定する受動喫煙をいう。」[2] とされ、具体的には次のとおりとされています。

受動喫煙：人が他人の喫煙によりたばこから発生した煙にさらされることをいう。

以下にガイドラインをふまえた受動喫煙防止の取組みについて説明します。

(2) ガイドラインによる受動喫煙防止の取組みのあらまし

ガイドラインは、改正健康増進法をふまえ、その対象を、原則禁煙とされる場所の違いにより「第一種施設」、「第二種施設」に分けるとともに、たばこを吸う場所を提供する「喫煙目的施設」、喫煙可能な飲食店である「既存特定飲食提供施設」の4つ

2　安衛法による「受動喫煙」の定義は、平成30年の法改正 (平成31年1月施行) で、健康増進法での受動喫煙の定義を引用する形に改正されています。

の施設に分類し、受動喫煙防止の措置や喫煙可能場所等を示しています。

ガイドラインは、これらをふまえた事業場における取組みとして、

①　組織的対策

②　喫煙可能な場所における作業に関する措置

③　各種施設における受動喫煙防止対策

④　受動喫煙防止対策に対する支援

を示しています。

会社全体として受動喫煙防止に取り組むために、まずは、「組織的対策」について理解し取組みを進めるようにします。以下にその進め方を説明します。

なお、受動喫煙防止を進めるに当たっては、改正健康増進法の施行日についても留意が必要です（第1章参照）。第一種施設については、令和元（2019）年7月1日施行、第二種施設および喫煙目的施設は令和2（2020）年4月1日施行となっています。

(3) 組織的対策についての考え方

ア　組織的な取組みの考え方

受動喫煙の防止は、有害物に対する労働衛生管理と同様に組織的に取り組むことが基本です。すなわち、トップとして受動喫煙防止の方針を示し、受動喫煙に関し事業場の現状を把握し、それをふまえ、目標を設定したうえで、受動喫煙防止を推進するための計画を作成し、実施するようにします。実施に当たっては、労働衛生の三管理といわれる「作業環境管理」、「作業管理」、「健康管理」が必要です。また、これらを適切に管理していくためには、安全衛生教育や安全衛生管理体制も必要です。

作業環境管理では、たばこ煙のない環境とすることが最も望まれ、敷地内全面禁煙とすることを第一に考えるべきです。そのためには、喫煙者に対する禁煙の支援も必要になります。また、次善の対策として屋内に喫煙専用室を設定する場合は、工学的な対策が必要となります。なお、喫煙可能な場所における作業がある場合は、作業管理としての受動喫煙防止の措置も必要になります。

このほか、三管理を進めるには、組織としての取組みが必要であり、労働衛生管理体制として、各級管理者等の受動喫煙防止に関する役割を明確にすることが必要です。

イ　事業者・労働者の役割

企業のトップ、管理者、従業員それぞれが受動喫煙の防止について、その必要性

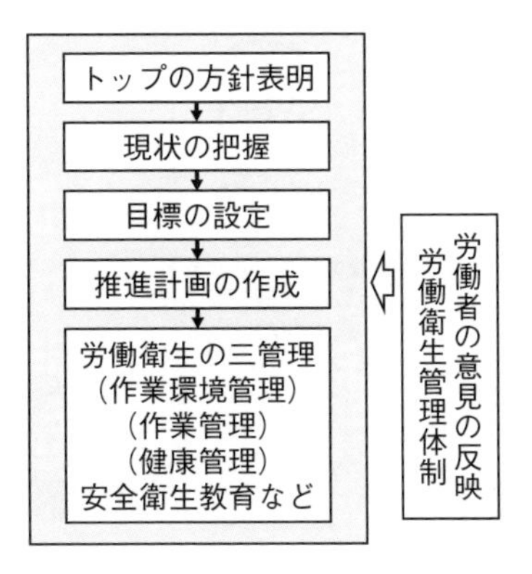

図 2-3　組織的対策の進め方

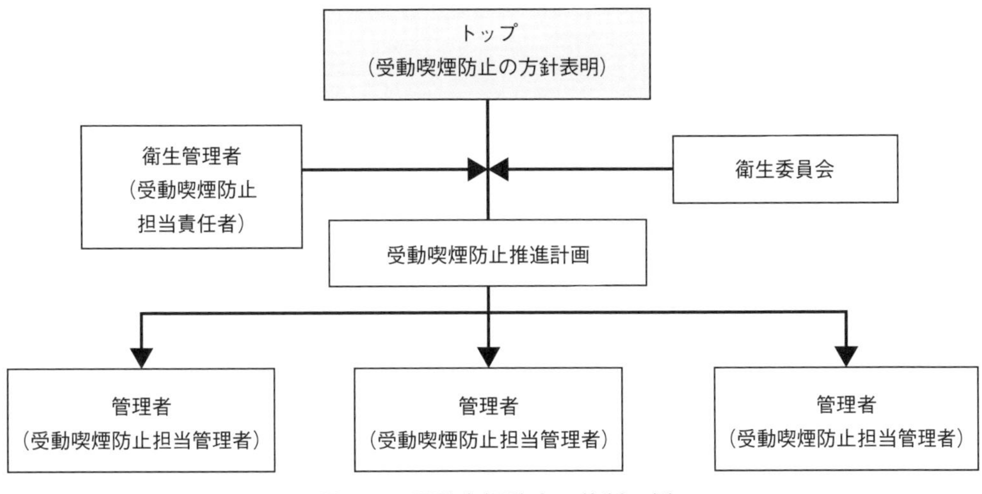

図 2-4　受動喫煙防止の体制の例

と自分の役割を理解することが重要です。とりわけ、安全衛生は「トップの思いが9割」といっても過言ではありません。職場の安全衛生を進めるうえでトップの考えや思いは極めて重要です。

トップは、次のことに留意していただくことが重要です。

① 適切な受動喫煙防止対策が、従業員の健康の保持増進につながるものであることを理解し認識すること。

② 受動喫煙防止が労働安全衛生法の努力義務とされていること、健康増進法では受動喫煙防止が事業者も含めた義務づけとされていること、これらの趣旨や意義を理解すること。

③ 受動喫煙の防止について、「トップの方針」としてその思いを表明すること。

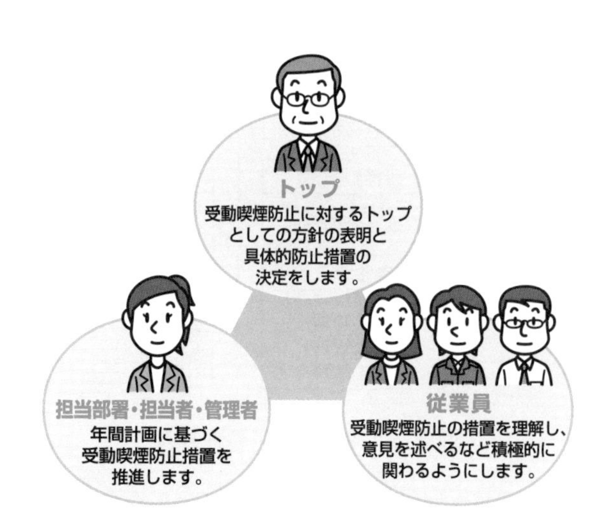

図 2-5　トップ、担当者、従業員の役割

④　敷地内全面禁煙と喫煙者への禁煙支援を考えること。

⑤　喫煙可能場所を設定する場合は、喫煙専用室の設置やそこでの排気など設備面での対策も含まれるので、経営資源を投入することの判断も重要であること。

そして、そのトップのもとで実際に受動喫煙防止の取組みを進める「担当者」や「管理者」、さらに喫煙をし、また受動喫煙者となる「従業員」、それぞれが受動喫煙防止に対し十分な理解と積極的な関わりを持つことが重要です。

ガイドラインでは、組織的に実施する際の事業者、従業員の役割を次のように示しています（囲みはガイドラインで示された事項。番号は項目番号)。

(ｱ) 事業者の役割

次により受動喫煙に対する意識や実態を把握し、適切な措置を決定すること。

> 事業者は衛生委員会、安全衛生委員会等（以下「衛生委員会等」。）の場を通じて、労働者の受動喫煙防止対策についての意識・意見を十分に把握し、事業場の実情を把握した上で、各々の事業場における適切な措置を決定すること。
> **(3 (1))**

(ｲ) 従業員の役割

職場の受動喫煙防止対策の推進のためには、当該事業場に従事する労働者の意識、行動等の在り方が特に重要です。このため従業員は次により受動喫煙防止対策に積極的に関わるようにします。

> 従業員は事業者が決定した措置や基本方針を理解しつつ、衛生委員会等の代表者を通じる等により、必要な対策について積極的に意見を述べることが望ましい。 **(3⑴)**

(4) 受動喫煙防止対策の組織的な進め方

職場における受動喫煙防止対策の実施にあたり、事業者は、事業場の実情に応じ、次のような取組みを組織的に進めるようにします。

ア　推進計画の策定

事業場の実情を把握したうえで、「トップの方針」をふまえ、受動喫煙防止対策を推進するための計画（中長期的なものを含む。以下「推進計画」。）を次に留意のうえで策定します。

> ①　安全衛生に係る計画、衛生教育の実施計画、健康保持増進を図るため必要な措置の実施計画等に、職場の受動喫煙防止対策に係る項目を盛り込む方法もあること。
> ②　推進計画には、例えば、受動喫煙防止対策に関し将来達成する目標と達成時期、当該目標達成のために講じる措置や活動等があること。
> ③　推進計画の策定の際は、事業者が参画し、労働者の積極的な協力を得て、衛生委員会等で十分に検討すること。 **(3⑵ア)**

イ　担当部署の指定

企業全体または事業場の規模等に応じ、受動喫煙防止対策の担当部署やその担当者を指定し、次のことを含む受動喫煙防止対策全般についての事務を所掌させます。

> ①　受動喫煙防止対策に係る相談対応等を実施させること。
> ②　各事業場における受動喫煙防止対策の状況について定期的に把握、分析、評価等を行うこと。
> ③　②の結果、問題がある職場については改善のための指導を行わせること。
> ④　評価結果等については、経営幹部や衛生委員会等に適宜報告し、事業者および事業場の実情に応じた適切な措置の決定に資するようにすること。 **(3⑵イ)**

ウ　従業員の健康管理等

衛生委員会の付議事項には「労働者の健康の保持増進を図るための基本となるべき対策に関すること。」があり、受動喫煙関係を調査審議対象とするなど、次項により健康管理等を行います。

① 事業場における受動喫煙防止対策の状況を衛生委員会等における調査審議事項とすること。
② 産業医の職場巡視に当たり、受動喫煙防止対策の実施状況に留意するようにすること。　**(3(2)ウ)**

エ　標識の設置・維持管理

標識については、次により表示する必要がありますが、必要事項が記載されていれば、施設の管理権原者が独自に作成したものでの表示も可能です。

図 2-6　標識の例

① 施設内に　喫煙専用室、指定たばこ専用喫煙室など喫煙することができる場所を定めようとするときは、当該場所の出入口及び施設の主たる出入口の見やすい箇所に必要な事項を記載した標識を掲示しなければならないこと。
② ピクトグラムを用いた標識例は、「『健康増進法の一部を改正する法律』の施行について」（平成 31 年健発 0222 第 1 号）の別添 3（下記に標識を記載）等を参照すること。　**(3(2)エ)**

オ　意識の高揚および情報の収集・提供

次により意識の高揚を図るとともに、衛生委員会への情報提供を行います。

① 労働者に対して、受動喫煙による健康への影響、受動喫煙の防止のために講じた措置の内容、健康増進法の趣旨等に関する教育や相談対応を行うことで、受動喫煙防止対策に対する意識の高揚を図ること。
② 各事業場における受動喫煙防止対策の担当部署等は、他の事業場の対策の事例、受動喫煙による健康への影響等に関する調査研究等の情報を収集し、これらの情報を衛生委員会等に適宜提供すること。　**(3(2)オ)**

カ　労働者の募集および求人の申込み時の受動喫煙防止対策の明示

> 労働者の募集および求人の申込みに当たっては、就業の場所における受動喫煙を防止するための措置に関する事項を明示すること。
> 明示する内容としては、例えば以下のような事項があります。
> ・施設の敷地内または屋内を全面禁煙としていること。
> ・施設の敷地内または屋内を原則禁煙とし、特定屋外喫煙場所や喫煙専用室等を設けていること。
> ・施設の屋内で喫煙が可能であること。　**(3⑵カ)**

(5) 特別な配慮等

ア　妊婦等への特別な配慮

事業者は、次の囲みにある受動喫煙による健康への影響を一層受けやすい懸念がある者に対しては、ガイドラインの「4　喫煙可能な場所における作業に関する措置」や「5　各種施設における受動喫煙防止対策」の実施に当たり、これらの者への受動喫煙を防止するため、特に配慮を行うことが必要です。

> ①　妊娠している労働者
> ②　呼吸器・循環器等に疾患を持つ労働者
> ③　がん等の疾病を治療しながら就業する労働者
> ④　化学物質に過敏な労働者　など　**(3⑶)**

イ　喫煙可能な場所における作業に関する措置

受動喫煙防止に関しては、喫煙場所がないことが望ましいのですが、実際には一定の条件のもとや適用除外によって喫煙できる場所が存在します。

このような場合における受動喫煙の防止については、20歳未満の者の受動喫煙防止措置と20歳以上の者の受動喫煙防止への配慮が、それぞれ次の表のように求められています。

(ア)　20歳未満の者の受動喫煙防止措置

場所	措置
喫煙可能な場所 （喫煙専用室など）	〈20歳未満の者の立入禁止〉 　健康増進法では、喫煙可能な場所に20歳未満の者を立ち入らせることが禁止されている。このため次のことが必要。 ・喫煙専用室等に案内してはならないこと。 ・喫煙専用室等に立ち入らせて業務を行わせないようにすること（専用室等の清掃作業も含む）。 〈20歳未満と思われる者が喫煙専用室等に立ち入ろうとしている場合〉 　次により、20歳未満者を喫煙専用室等に立ち入らせないこと。 ・施設の管理権原者等に声掛けをすること。 ・年齢確認を行うこと。
適用除外の場所※	〈受動喫煙防止措置〉 　望まない受動喫煙を防止するため、20歳未満の者が適用除外で喫煙可能な場所に立ち入らないよう措置を講じること。

※宿泊施設の客室（個室に限る。）、職員寮の個室、特別養護老人ホーム・有料老人ホームなどの入居施設の個室、業務車両内等

(イ)　20歳以上の者の受動喫煙防止の配慮

場所や作業等	配慮
喫煙区域	〈勤務シフト、勤務フロア、動線等の工夫〉 ・勤務シフトや業務分担を工夫し受動喫煙を防止すること。 ・受動喫煙を望まない労働者が喫煙区域に立ち入る必要のないよう、禁煙フロアと喫煙フロアを分けることや喫煙区域を通らないような動線の工夫等について配慮すること。
喫煙専用室等の清掃作業	〈受動喫煙防止の配慮〉 ・室内に喫煙者がいない状態で、換気により室内のたばこの煙を排出した後に行うこと。 ・やむを得ず室内のたばこの煙の濃度が高い状態で清掃作業を行わなければならない場合には、呼吸用保護具の着用等により、有害物質の吸入を防ぐ対策をとること。 ・吸い殻の回収作業等の際には、灰等が飛散しないよう注意して清掃を行うこと。
業務車両内	〈喫煙時の配慮〉 ・喫煙者に対し、望まない受動喫煙を防止するため、同乗者の意向に配慮するよう周知すること。 （注）営業や配達等の業務で使用する車両内などであっても、健康増進法において喫煙者に配慮義務が課せられている※ことに留意。

※特定施設等における喫煙禁止場所以外の場所において喫煙する際、望まない受動喫煙を生じさせることがないよう周囲の状況に配慮しなければならない（健康増進法第25条の3（令和2年4月以降は第27条））。

(ウ)　業務車両内における受動喫煙防止について

業務車両内は、受動喫煙に関しては適用除外となっていますが、20歳未満の者については同乗させないこと（立ち入らせないこと）、また20歳以上の者については、喫煙者に同乗者の意向に配慮するよう周知するとされています。

しかしながら、喫煙者と同乗する場合の受動喫煙の影響は大変大きいことなどから業務車両内については全面禁煙にすることが望まれます。

受動喫煙防止の具体的なポイントは？

ガイドラインでは対象は４つの施設に分類され、それぞれについて受動喫煙防止対策が求められます。

なお、実線の囲みはガイドライン本文、破線の囲みはガイドラインの別紙１で示されている事項です。

(1) ガイドラインにおける用語の定義

受動喫煙の防止対策で最も大切なことは、そこで働く人が喫煙者の吸うたばこの煙等を一切吸わされることのない職場環境をつくることですが、ガイドラインでは健康増進法をふまえ、その施設の性格によって４つに分類し、必要な対策を規定しています。ここでは、主として第一種施設および第二種施設を中心に具体的な措置を示します。

ガイドラインで使用する用語については、次のように定義されています。このうち、施設については「2　施設の４つの分類」として整理をしています。

ア　施設の「屋内」と「屋外」

屋内：外気の流入が妨げられる場所として、屋根がある建物であって、かつ、側壁がおおむね半分以上覆われているものの内部を指します。

屋外：屋内に該当しないものをいいます。　(2(1))

イ　第一種施設

受動喫煙により健康を損なうおそれが高い者が主として利用する施設が対象となります。次のように規定されています。

第一種施設：多数の者が利用する施設※のうち、学校、病院、児童福祉施設その他の受動喫煙により健康を損なうおそれが高い者が主として利用する施設として健康増進法施行令第３条及び健康増進法施行規則第 12 条から第 14 条までに規定するもの※※並びに国及び地方公共団体の行政機関の庁舎（行政機関がその事務を処理するために使用する施設に限る。）をいいます。　(2(2))

※「多数の者が利用する施設」とは、２人以上の者が同時に、または、入れ替わり利用する施設のこと（以下同じです）。一般の事務所や工場も含まれます。

※※　参考資料（健康増進法関係法令）巻末を参照。

ウ　第二種施設

多くの事業場が該当します。定義は次のとおりです。

第二種施設：多数の者が利用する施設のうち、第一種施設及び喫煙目的施設以外の施設（一般の事務所や工場、飲食店等も含まれる。）をいいます。　**(2(3))**

エ　喫煙目的施設

喫煙する場所を主として提供するための施設です。

喫煙目的施設：多数の者が利用する施設のうち、その施設を利用する者に対して、喫煙をする場所を提供することを主たる目的とする施設であって、次に掲げるものをいいます。

①　公衆喫煙所
施設の屋内の場所の全部を、専ら喫煙をする場所とするもの。

②　喫煙を主たる目的とするバー、スナック等
たばこの対面販売（出張販売を含む。）をしており、施設の屋内の場所において喫煙する場所を提供することを主たる目的とし、併せて設備を設けて客に飲食をさせる営業（「通常主食と認められる食事」を主として提供するものを除く。）を行う事業場。

③　店内で喫煙可能なたばこ販売店
たばこ又は専ら喫煙の用に供するための器具の販売（たばこの販売については、対面販売をしている場合に限る。）をし、施設の屋内の場所において喫煙をする場所を提供することを主たる目的とする事業場（設備を設けて客に飲食をさせる営業を行うものを除く。）。　**(2(4))**

オ　既存特定飲食提供施設

既存特定飲食提供施設：次に掲げる要件を全て満たすものをいいます。

①　令和２年４月１日時点で、営業している飲食店であること。

②　個人又は資本金 5,000 万円以下の会社が経営しているものであること（一の大規模会社が発行済株式の総数の２分の１以上を有する場合などを除く。）。

③　客席面積が 100 平方メートル以下であること。　**(2(5))**

カ　特定屋外喫煙場所

特定屋外喫煙場所：第一種施設の屋外の場所の一部のうち、当該第一種施設の管理権原者※によって区画され、受動喫煙を防止するために健康増進法施行規則で定める必要な措置※※がとられた場所をいいます。

※「管理権原者」とは、施設における望まない受動喫煙を防ぐための取組みについて、その方針の判断、決定を行う立場にある者であり、例えば当該義務の履行に必要となる施設の設備の改修等を適法に行うことができる権原を有する者をいいます。

※※　必要な措置については (3) 以降で説明します。　**(2(6))**

キ　喫煙専用室

喫煙専用室：第二種施設等の屋内又は内部の場所の一部の場所であって、構造及び設備がその室外の場所（第二種施設等の屋内又は内部の場所に限る。）へのたばこの煙の流出を防止するための技術的基準に適合した室を、専ら喫煙をすることができる場所として定めたものをいいます。

専ら喫煙をする用途で使用されるものであることから、喫煙専用室内で飲食等を行うことは認められません。　**(2(7))**

ク　指定たばこ専用喫煙室

指定たばこ専用喫煙室：第二種施設等の屋内又は内部の場所の一部の場所であって、構造及び設備がその室外の場所（第二種施設等の屋内又は内部の場所に限る。）への指定たばこ（加熱式たばこをいう。）の煙の流出を防止するための技術的基準に適合した室を、指定たばこのみ喫煙をすることができる場所として定めたものをいいます。

指定たばこ専用喫煙室内では、飲食等を行うことが認められています。**(2(8))**

(2) 施設の４つの分類

施設は、第一種施設、第二種施設、喫煙目的施設、既存特定飲食提供施設に分類されますが、それぞれの施設ごとの措置等の内容を整理すると次のようになります。

表 2-1　施設の４分類に対する措置等

施設の種類	定　義	措　置	喫煙可能場所
第一種施設	学校、病院、児童福祉施設など受動喫煙で健康を損なうおそれが高い者が主として利用する施設	敷地内禁煙	特定屋外喫煙場所（技術的基準適合）
第二種施設	第一種施設および喫煙目的施設以外の施設（一般の事務所や工場、飲食店等を含む）	原則屋内禁煙	・喫煙専用室（技術的基準適合） ・指定たばこ専用喫煙室（技術的基準適合）
喫煙目的施設	喫煙場所を提供することを主たる目的とする施設（注 1）	喫煙可能	喫煙可能と掲示した場所
既存特定飲食提供施設	要件をすべて満たす飲食店（注 2）（経過措置）	喫煙可能	喫煙可能と掲示した場所

（注 1）喫煙目的施設
①　公衆喫煙所
　施設の屋内の場所の全部を、専ら喫煙をする場所とするもの。
②　喫煙を主たる目的とするバー、スナック等
　たばこの対面販売（出張販売を含む。）をしており、施設の屋内の場所において喫煙する場所を提供することを主たる目的とし、併せて設備を設けて客に飲食をさせる営業（「通常主食と認められる食事」を主として提供するものを除く。）を行う事業場。
③　店内で喫煙可能なたばこ販売店
　たばこまたは専ら喫煙の用に供するための器具の販売（たばこの販売については、対面販売をしている場合に限る。）をし、施設の屋内の場所において喫煙をする場所を提供することを主たる目的とする事業場（設備を設けて客に飲食をさせる営業を行うものを除く）。
（注 2）既存特定飲食提供施設の要件
①　令和２年４月１日時点で、営業している飲食店
②　個人又は資本金 5,000 万円以下の会社が経営（一の大規模会社が発行済株式の総数の２分の１以上を有する場合を除く。）
③　客席面積が 100 平方メートル以下

(3) 第一種施設の受動喫煙防止対策

　学校、病院など受動喫煙で健康を損なうおそれが高い者が主として利用する施設は、「第一種施設」とし、強い受動喫煙防止対策が求められています。
　ここでは、「敷地内禁煙」であり、「特定屋外喫煙場所」を設けた場合のみ、そこでの喫煙が可能です。
(5 (1))

措置：敷地内禁煙
「特定屋外喫煙場所」を除き、敷地内で喫煙させないことが求められます。一定の要件に該当する特定屋外喫煙場所での喫煙は可能です。
　次のいずれかの措置をとる必要があります。
　①　敷地内全面禁煙
　②　敷地内原則全面禁煙、ただし、「特定屋外喫煙場所」のみ喫煙可能

ア　敷地内全面禁煙

「屋外も含めた事業場内を全て禁煙とする」ことです。下記のように喫煙者への配慮も必要です。

メリットおよび留意すべき点は次のとおりです。

〈メリット〉

① 敷地内で喫煙可能な場所がないので、受動喫煙を完全に防止することが可能。

② 特別な施設や設備を要しないので、設備投資や維持費が不要。

〈留意する点〉

① 労働者や顧客に喫煙者がいる場合は、対策に対する喫煙者の理解が必要。

② 敷地外での喫煙による近隣からの苦情や事業場内で隠れて喫煙するなどのルール違反にも注意が必要。

③ 敷地内全面禁煙を目指す場合は、教育啓発や禁煙相談などのソフト面の対策

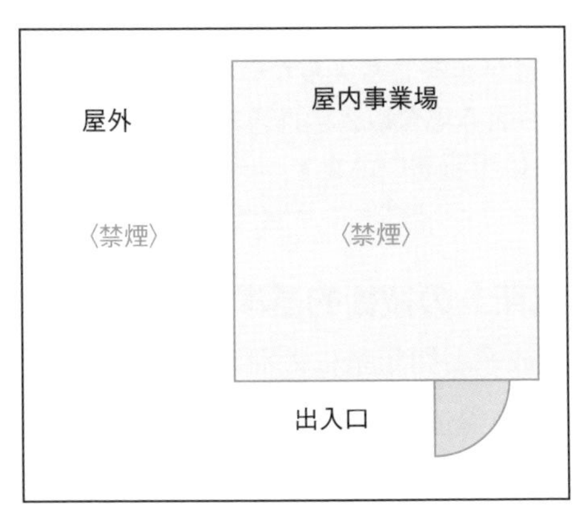

図 2-7　敷地内全面禁煙

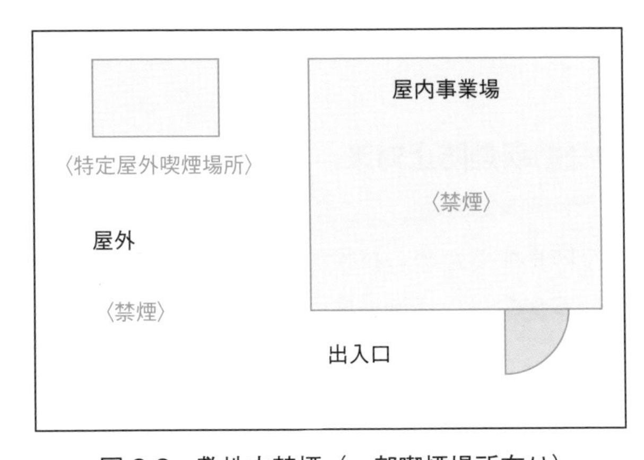

図 2-8　敷地内禁煙（一部喫煙場所有り）

を充実させ、敷地内全面禁煙に向けた気運を醸成することが重要。

イ　敷地内禁煙（特定屋外喫煙場所を設置）

敷地内禁煙としますが、敷地の一部を「特定屋外喫煙場所」として喫煙可能とする措置です。

「特定屋外喫煙場所」とは、第一種施設の屋外の場所の一部のうち、当該第一種施設の管理権原者によって区画され、受動喫煙を防止するため次の措置がとられた場所をいいます。ここでの喫煙は可能です。

〈必要な措置〉

①　喫煙をすることができる場所が区画されていること。
　「区画」とは、喫煙場所と非喫煙場所を明確に区別することができるものである必要があり、例えばパーテーション等による区画が考えられます。
②　喫煙をすることができる場所である旨を記載した標識を掲示すること。
③　第一種施設を利用する者が通常立ち入らない場所に設置すること。
　「施設を利用する者が通常立ち入らない場所」とは、例えば建物の裏や屋上など、喫煙のために立ち入る場合以外には通常、当該施設の利用者（労働者を含む。）が立ち入ることのない場所をいいます。

ウ　「特定屋外喫煙場所」の技術的基準を満たすための効果的な手法等

「屋外喫煙所」は、開放系と閉鎖系に大別されます。

・「開放系」：屋根のみの構造や、屋根と一部の囲いのみの構造等のもの
・「閉鎖系」：屋根と壁で完全に囲われ、屋外排気装置等で喫煙所内の環境が管理されているもの。

詳細は、「5⑵ 屋外喫煙所における効果的な手法等」（53頁）の解説を参照してください。

(4) 第二種施設の受動喫煙防止対策

措置：原則屋内禁煙

たばこの煙の流出を防止するための技術的基準に適合した「喫煙専用室」、「指定たばこ専用喫煙室」を除き従業員に施設の屋内で喫煙をさせないこととされています。

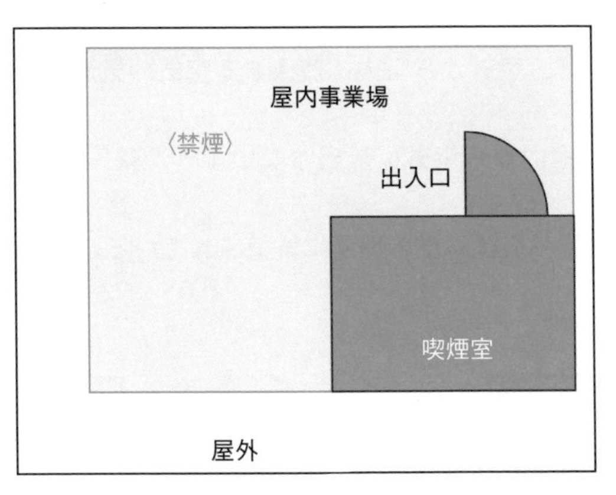

図 2-9　喫煙室の例

次の措置を選択することとなります。

① 敷地内全面禁煙とする。
② 屋内禁煙とし、屋外に喫煙場所を設置する。
③ 屋内禁煙とし、屋内に「喫煙専用室」や「指定たばこ専用喫煙室」を設置する。

上記③の場合のメリットおよび留意すべき点は次のとおりです。

〈メリット〉

① 屋内事業場に喫煙場所を設置することから、喫煙者の理解が得られやすい。

〈留意する点〉

① 換気設備が十分でないと、たばこ煙が屋内に流出し受動喫煙の問題が発生する可能性がある。

② 換気設備が十分でも、喫煙者が喫煙室を出る際に、付着したたばこ煙が屋内に持ち込まれるリスクがある。

屋内に「喫煙専用室」、「指定たばこ専用喫煙室」を設置する場合の技術的基準およびその効果的手法等は、下記のア～エのとおりです。

ア　喫煙専用室の条件

喫煙専用室を設置しようとする場合は次の条件を満たすことが必要です。

(ア) 喫煙専用室は次に掲げるたばこの煙の流出を防止するための技術的基準に適合していること。

> ①　出入口において、室外から室内に流入する空気の気流が、0.2メートル毎秒以上であること。
> ②　たばこの煙が室内から室外に流出しないよう、壁、天井等によって区画されていること。
> ③　たばこの煙が屋外又は外部の場所に排気されていること。　**(別紙1の2(1)ア)**

図2-10　喫煙専用室標識

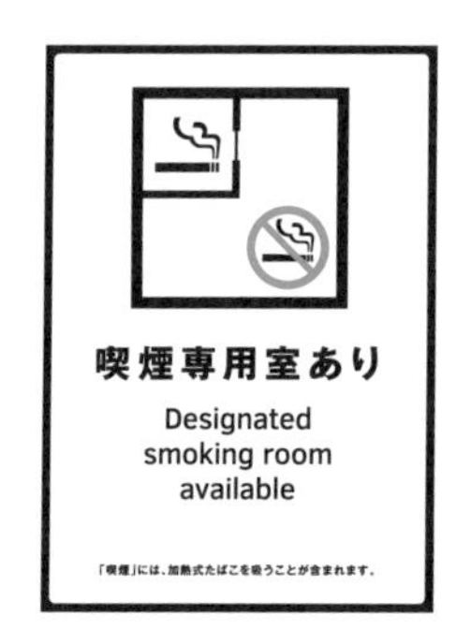

図2-11　喫煙専用室設置施設等標識

(イ)　喫煙専用室の出入口および当該喫煙専用室を設置する第二種施設等の主たる出入口の見やすい箇所に次に掲げる必要事項を記載した標識を掲示しなければならないこと。

なお、喫煙専用室を撤去するときは当該標識を除去しなければならないこと。

> ①　喫煙専用室標識
> ・当該場所が専ら喫煙をすることができる場所である旨
> ・当該場所への20歳未満の者の立入りが禁止されている旨
> ②　喫煙専用室設置施設等標識
> ・喫煙専用室が設置されている旨　**(別紙1の2(1)イ)**

(ウ)　喫煙専用室へ20歳未満の者を立ち入らせてはならないこと。

■喫煙専用室の技術的基準を満たすための効果的な手法等

喫煙専用室内のたばこ煙を効果的に屋外に排出したり、出入口から非喫煙区域（執務室等）に流入することを防ぐためには、その設置場所や施設構造等について考慮すべき事項があります。

詳細は、「5(1) 喫煙専用室における効果的な手法等」(46頁) を参照ください。

イ　指定たばこ専用喫煙室の条件

指定たばこ専用室を設置しようとする場合は次の条件を満たすことが必要です。

㈠　指定たばこ（加熱式たばこ）のみ喫煙可能であること。
㈡　たばこの煙の流出を防止するための次の技術的基準に適合すること。
　①　出入口において、室外から室内に流入する空気の気流が、0.2メートル毎秒以上であること。
　②　たばこの煙が室内から室外に流出しないよう、壁、天井等によって区画されていること。
　③　たばこの煙が屋外又は外部の場所に排気されていること。
㈢　施設の屋内または内部の場所が複数階に分かれている場合であって、指定たばこのみの喫煙をすることができる場所が当該施設等の1または2以上の階の全部の場所である場合における指定たばこの煙の流出を防止するための技術的基準は、上記㈡の要件に代えて、次のことが必要です。
　①　指定たばこの煙が、喫煙をすることができる階から喫煙をしてはならない階に流出しないよう、壁、天井等によって区画されていること。
　②　喫煙してはならない階へのたばこの煙の流出を防止するための適切な措置が講じられていること。
㈣　指定たばこ専用喫煙室の出入口および当該指定たばこ専用喫煙室を設置する第二種施設等の主たる出入口の見やすい箇所に次に掲げる必要事項を記載した標識を掲示しなければならないこと。
　なお、指定たばこ専用喫煙室を撤去するときは、当該標識を除去しなければならないこと。
　①　指定たばこ専用喫煙室標識
　　・当該場所が喫煙（指定たばこのみの喫煙をいう。）をすることができる場所である旨。
　　・当該場所への20歳未満の者の立入りが禁止されている旨。
　②　指定たばこ専用喫煙室設置施設等標識
　　・指定たばこ専用喫煙室が設置されている旨。
㈤　指定たばこ専用喫煙室へ20歳未満の者を立ち入らせてはならないこと。
㈥　当該指定たばこ専用喫煙室設置施設等の営業について広告又は宣伝をするときは、次によること。
　①　当該指定たばこ専用喫煙室設置施設等が指定たばこ専用喫煙室設置施設等である旨を明らかにしなければならないこと。
　②　この広告又は宣伝は、ホームページや看板等の媒体において行う場合において行う場合において明瞭かつ正確に表示すること。　**（別紙1の2⑵）**

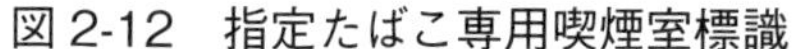
図 2-12　指定たばこ専用喫煙室標識

図 2-13　指定たばこ専用喫煙室設置施設等標識

■指定たばこ専用室の技術的基準を満たすための効果的な手法等

「喫煙専用室」の技術的基準を満たすための効果的な手法等を準用します。その場合、次の読み替えを行います。ただし、「喫煙専用室内の備品類」については、喫煙以外の用途で使用するものを設置することは認められます。

・「喫煙専用室」→「指定たばこ専用喫煙室」

・「たばこ」→「指定たばこ」

(5) 喫煙目的施設における受動喫煙防止対策

喫煙をする場所を提供することを主たる目的とする施設である「公衆喫煙所」、「喫煙を主たる目的とするバー、スナック等」、「店内で喫煙可能なたばこ販売店」については、受動喫煙防止のため次のことが求められています。

ア　喫煙目的施設に求められること

(ア)　事業者は、望まない受動喫煙を防止するため、「喫煙目的室」を設ける施設の営業について広告または宣伝をするときは、喫煙目的室の設置施設であることを明らかにしなければならないこと。

(イ)　事業者は、受動喫煙を望まない者が、喫煙目的室であって飲食等可能な室内において、業務や飲食を避けることができるよう配慮すること。　**(5(3))**

イ　喫煙目的室の要件

喫煙目的施設内に「喫煙目的室」を設置しようとする場合は、次に掲げる事項を満たすことが必要です。

⑺ たばこの煙の流出を防止するための次の技術的基準に適合すること。（ガイドライン別紙１の２の（1）のア）

① 出入口において、室外から室内に流入する空気の気流が、0.2 メートル毎秒以上であること。

② たばこの煙が室内から室外に流出しないよう、壁、天井等によって区画されていること。

③ たばこの煙が屋外又は外部の場所に排気されていること。

⑴ 喫煙目的室の出入口および当該喫煙目的室を設置する喫煙目的施設の主たる出入口の見やすい箇所に下記（i）、（ii）に掲げる必要事項を記載した標識を掲示しなければならないこと。

なお、喫煙目的室を撤去するときは、当該標識を除去しなければならないこと。

（i） 喫煙目的室標識

・当該場所が喫煙をすることができる場所である旨を記載。

・当該場所への 20 歳未満の者の立入りが禁止されている旨を記載。

（ii） 喫煙目的室設置施設標識

・喫煙目的室が設置されている旨を記載。

② たばこの煙が室内から室外に流出しないよう、壁、天井等によって区画されていること。

③ たばこの煙が屋外又は外部の場所に排気されていること。

⑼ 事業者は、喫煙を主たる目的とするバー、スナック等及び店内で喫煙可能なたばこ販売店にあっては、管理権原者が喫煙目的室設置施設の要件に関する事項を帳簿に記載し保存しているか確認すること。

㈤ 喫煙目的室へ 20 歳未満の者を立ち入らせてはならないこと。

㈥ 当該喫煙目的室設置施設の営業について広告または宣伝をするときは、当該喫煙目的室設置施設が喫煙目的室設置施設である旨を明らかにしなければならないこと。

なお、この広告または宣伝は、ホームページや看板等の媒体において行う場合において明瞭かつ正確に表示すること。 **（別紙１の３⑵）**

①　公衆喫煙所

① 公衆喫煙所（喫煙目的室標識　兼　喫煙目的室設置施設）
② 喫煙目的室（喫煙を主目的とするバー、スナック等）
③ 喫煙目的室あり（同上）
④ 喫煙目的室あり（喫煙可能なたばこ販売店）
⑤ 喫煙目的室（喫煙可能なたばこ販売店）
⑥ 喫煙目的店（喫煙を主目的とするバー、スナック等（全部の場合））
⑦ 喫煙目的室（喫煙可能なたばこ販売店（全部の場合）

②　喫煙目的室

③　喫煙目的室あり

④　喫煙目的室あり

⑤　喫煙目的室

⑥　喫煙目的店

⑦　喫煙目的室

図 2-14　喫煙室関連の標識

ウ　喫煙目的室の技術的基準を満たすための効果的な手法等

47 頁に示す「喫煙専用室」についての効果的な手法を準用すること。ただし、次により読み替えること。

「喫煙専用室」→「喫煙目的室」

なお、読み替え後の「喫煙目的室内の備品類」については、喫煙を主たる目的とするバー、スナック等および店内で喫煙可能なたばこ販売店にあっては、喫煙以外の用途で使用するものを設置することが認められること。

(6) 既存特定飲食提供施設における受動喫煙防止対策

既存の飲食店のうち経営規模が小さい事業者が運営するものについては、ただちに喫煙専用室等の設置を求めることが事業継続に影響を与えることが考えられることから、これに配慮し、改正健康増進法の附則第2条で、一定の経過措置が設けられています。

第二種施設の管理権原者は、当該第二種施設の屋内の場所の全部または一部の場所であって、構造および設備がその室外の場所（特定施設等の屋内又は内部の場所に限る。）へのたばこ煙の流出を防止するための技術的基準に適合した室の場所を、喫煙をすることができる場所として定めることができます。

ア　既存特定飲食提供施設における受動喫煙防止対策

(ア) 既存特定飲食提供施設とは

すでに、「ガイドラインにおける用語の定義」で示したとおり、次に掲げる要件をすべて満たした施設のことです。

① 令和2年4月1日時点で、営業している飲食店であること。
② 個人又は資本金5,000万円以下の会社が経営しているものであること（一の大規模会社が発行済株式の総数の2分の1以上を有する場合などを除く。）。
③ 客席面積が100平方メートル以下であること。 **(2(5))**

(イ) 既存特定飲食提供施設に求められる受動喫煙防止対策

この施設については、受動喫煙防止のため、次の措置が必要です。

① 事業者は、望まない受動喫煙を防止するため、喫煙可能室を設ける施設の営業について広告又は宣伝をするときは、喫煙可能室の設置施設であることを明らかにしなければならないこと。
② 事業者は、受動喫煙を望まない者が喫煙可能室において業務や飲食を避けることができるよう配慮すること。また、業務上であるか否かにかかわらず、受動喫煙を望まない者を喫煙可能室に同行させることのないよう、労働者に周知すること。
③ 事業者は、望まない受動喫煙を防止するため、既存特定飲食提供施設の飲食ができる場所を全面禁煙として喫煙専用室又は屋外喫煙所を設置する場合には、別紙1の技術的基準を満たす喫煙専用室を設ける、または、屋外喫煙所を設けることが望ましいこと。
④ 健康増進法により次に掲げる事項が求められていることから、事業者はそれらの事項が実施されているか管理権原者に確認すること。

i）　既存特定飲食提供施設の要件に該当することを証する書類を備えること。
ii）　喫煙可能室設置施設の届出を保健所に行うこと。　(5(4))

イ　既存特定飲食提供施設内に喫煙可能室を設置する場合の技術的基準

上記のア(ア)の定義に合致するとともに、「喫煙可能室」について次の事項を満たすこと。

(ア)　たばこの煙の流出を防止するための技術的基準（下記囲みの（i））に適合すること。ただし、既存特定飲食提供施設の全部の場所を喫煙可能室とする場合における技術的基準は、これに代えて、喫煙可能室以外の場所にたばこの煙が流出しないよう、喫煙可能室が壁、天井等によって当該喫煙可能室以外の場所と区画されていること。

〈喫煙可能室：たばこ煙の流出を防止するための技術的基準〉
(i)　出入口において、室外から室内に流入する空気の気流が、0.2 メートル毎秒以上であること。
(ii)　たばこの煙が室内から室外に流出しないよう、壁、天井等によって区画されていること。
(iii)　たばこの煙が屋外又は外部の場所に排気されていること。

(イ)　喫煙可能室の出入口及び当該喫煙可能室を設置する既存特定飲食提供施設の主たる出入口の見やすい箇所に下記囲みに掲げる必要事項を記載した標識を掲示しなければならないこと。
なお、喫煙可能室を撤去するときは、当該標識を除去しなければならないこと。

〈標識の記載事項〉
(i)　喫煙可能室標識
・当該場所が喫煙をすることができる場所である旨
・当該場所への 20 歳未満の者の立入りが禁止されている旨
(ii)　喫煙可能室設置施設標識
・喫煙可能室が設置されている旨

(ウ)　喫煙可能室へ 20 歳未満の者を立ち入らせてはならないこと。
(エ)　喫煙可能室設置施設が下記囲みに掲げる既存特定飲食提供施設の要件に該当することを証明する書類を備え保存しなければならないこと。

〈必要な書類〉
(i)　喫煙可能室設置施設の客席部分の床面積に係る資料
・「客席」とは、飲食をさせるために客に利用させる場所をいい、店舗全体のうち、客席から明確に区分できる厨房、トイレ、廊下、会計レジ、従業員専用スペース等を除いた部分を指すものであること。
・「床面積に係る資料」とは、店舗図面等をいうものであること。
(ii)　資本金の額又は出資の総額に係る資料（喫煙可能室設置施設が会社により営まれるものである場合に限る。）

・「資本金の額又は出資の総額に係る資料」とは、資本金の額や出資の総額が記載された登記、貸借対照表、決算書、企業パンフレット等をいうものであること。

(オ) 当該喫煙可能室設置施設の営業について広告又は宣伝をするときは、当該喫煙可能室設置施設が喫煙可能室設置施設である旨を明らかにしなければならないこと。この広告又は宣伝は、ホームページや看板等の媒体において行う場合において明瞭かつ正確に表示すること。

(カ) 喫煙可能室設置の届出

事業者は、喫煙可能室を設置した喫煙可能室設置施設の管理権原者が、喫煙可能室設置施設が所在する施設等の類型に応じ、次の囲みのとおり届出を行っているか確認すること。

(i) 旅客運送事業鉄道等車両等以外に所在するものは、健康増進法施行規則等の一部を改正する省令（平成31年厚生労働省令第17号。以下「改正省令」という。）附則様式第1号により、次に掲げる事項を喫煙可能室設置施設の所在地の都道府県知事（保健所を設置する市又は特別区にあっては、市長又は区長。以下同じ。）に届け出ること。

・喫煙可能室設置施設の名称及び所在地
・喫煙可能室設置施設の管理権原者の氏名及び住所（法人にあっては、喫煙可能室設置施設の管理権原者の名称、主たる事務所の所在地及び代表者の氏名）

(ii) 旅客運送事業鉄道等車両等に所在するものは、改正省令附則様式
第1号により、次に掲げる事項を喫煙可能室設置施設の管理者の住所地（法人にあっては、主たる事務所の所在地）の都道府県知事に届け出ること。

・喫煙可能室設置施設の名称及び当該喫煙可能室設置施設が所在する旅客運送事業鉄道等車両等の車両番号その他これに類する当該旅客運送事業鉄道等車両等を識別するための文字、番号、記号その他の符号
・喫煙可能室設置施設の管理権原者の氏名及び住所（法人にあっては、喫煙可能室設置施設の管理権原者の名称、主たる事務所の所在地及び代表者の氏名）

（別紙1の4(2)）

■既存特定飲食提供施設における効果的な手法の例等

(ア) 喫煙可能室

たばこの煙の流出するための技術的基準に適合した室を設置する場合は「6. 喫煙専用室、屋外喫煙所の具体的な設置場所、施設構造は？」（47頁）の「(1) 喫煙専用室における効果的な手法等」を準用します。この場合、次のとおり読み替えます。

「喫煙専用室」→「喫煙可能室」

ただし、「(1)のイ(イ) 喫煙専用室内の備品類」については喫煙以外の用途で使用するものを設置することが認められます。

> (イ) 喫煙可能室内の備品類
> 備品を設置する場合は必要最低限とし、出入口から喫煙可能室内への気流を妨げないような構造や配置とすることが効果的であること。なお、専ら喫煙の用途で使用することから、喫煙以外の用途で使用するものを設置することは認められないこと（読み替え後）。 **(1(2)イ)**

(イ) 喫煙専用室及び屋外喫煙所

「喫煙専用室」（46 頁）および「屋外喫煙所」（53 頁）の効果的な手法の例等を準用します（ガイドライン別紙 2 の「1 喫煙専用室」および「3 屋外喫煙所」を準用）。

（参考）

【喫煙室の例】

出入り口は引き戸とし、開閉時の気流の影響を少なくしています。実際の換気扇の位置は平面図でもう少し上がたばこ煙の流れからは望ましいと考えられます。

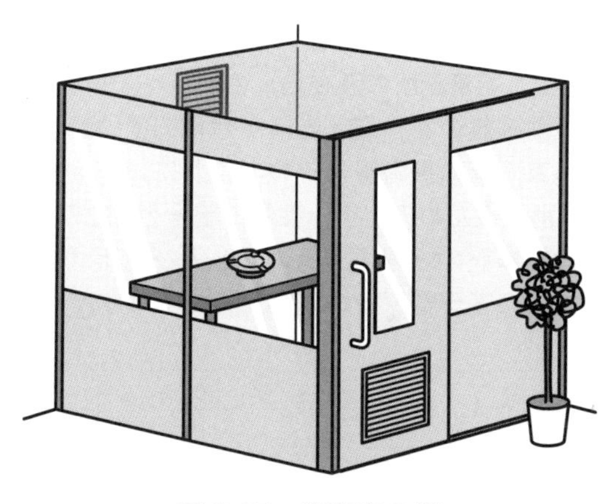

図 2-15 喫煙室の例

【喫煙室の改善事例】

喫煙室の改善等の事例を紹介します。ガイドラインでは粉じん濃度は評価として用いられていませんが、ガイドライン以前の事例のためそのようなケースもあります。

図 2-16　換気扇の設置

図 2-17　ガラリの設置（いずれも改善後）

(参考 2)

【粉じん濃度の高かった旧喫煙室に、屋外排気装置を設置して改善を図った事例】

旧喫煙室では 3 人が同時に喫煙した場合、粉じん濃度が 0.177mg/㎥となっていたため、新たに、喫煙室を作ったもの（工事費用、約 70 万円)。

改善は屋外排気装置として有圧換気扇 2 台（羽根径 30cm、有効換気量 1,100㎥ /h）を設置した。

改善後はドア開口面で喫煙室に向かう気流の風速は 3 点いずれも 0.37 ～ 0.39m/s で基準の 0.2m/s 以上を超えていた。

換気扇の弱運転で粉じん濃度 0.15mg/㎥を保つためには同時喫煙者数 2.75 人以下と予測されるので、同時喫煙者数は 3 人未満とし、これを超える場合は強運転に切り替えることとした。

喫煙専用室、屋外喫煙所の具体的な設置場所、施設構造は？

ガイドラインの別紙２で「技術的基準を満たすための効果的な手法等の例」として、「喫煙専用室」、「指定たばこ専用喫煙室」、「屋外喫煙所」、「喫煙目的施設」、「既存特定飲食提供施設」の例が示されています。

「指定たばこ専用喫煙室」、「喫煙目的施設」、「既存特定飲食提供施設」についてはすでに紹介していますので、ここでは、「喫煙専用室」および「屋外喫煙所」について以下に紹介します。

また、本章におけるイラストは、平成27年５月15日基安発0515第１号「労働安全衛生法の一部を改正する法律に基づく職場の受動喫煙防止対策の実施について」の別紙１からのものです（ガラリ設置のイラストを除く）。

(1) 喫煙専用室における効果的な手法等

喫煙専用室については、喫煙専用室内のたばこの煙を効果的に屋外へ排出するため、また、出入口から非喫煙区域にたばこの煙が流出することを防ぐため、その設置場所及び施設構造を考慮する必要があります。

ア　喫煙専用室の設置場所

就業する場所や人の往来が多い区域から適当な距離をとることが効果的であること。
また、中央管理方式の空気調和設備（エアコンディショナー）を採用している建物にあっては、当該設備の吸気口がある区域に喫煙専用室を設置すると、当該設備を通じて建物全体にたばこの煙が拡散する可能性が高いため、これを避けること。

（別紙２の１(1)）

（参考）

喫煙室からたばこ煙が漏えいする可能性を考慮するとすれば、就業する場所や人の往来が多い区域から適当な距離をとることが望まれます。設置場所として「事務室」、「食堂」、「休憩所」の中を選択した場合は、喫煙室からのたばこ煙の漏えいの防止には特に気をつける必要があります。

イ　喫煙専用室の施設構造

(ア)　壁の素材

喫煙によりタバコのヤニ等が壁に付着するため、清掃が容易な素材とすると喫煙専用室の維持管理がしやすいこと。

また、屋内側に面した壁に窓等を設置し、喫煙専用室内部の状況が見える構造にすると、火災予防対策や労務管理が容易となる効果があると考えられること。

(イ)　喫煙専用室内の備品類

備品を設置する場合は必要最低限とし、出入口から喫煙専用室内への気流を妨げないような構造や配置とすることが効果的であること。なお、専ら喫煙の用途で使用することから、喫煙以外の用途で使用するものを設置することは認められないこと。

(ウ)　喫煙専用室の扉・給気口（ガラリ）

喫煙中の喫煙専用室の扉の状態として、扉を常時開放しておく方法と、扉を閉鎖して人が出入りするときのみ開放する方法があること。両手法についての留意すべき事項は以下のとおりであること。

なお、いずれの手法についても、喫煙専用室内の空気を屋外に排気する装置（以下「屋外排気装置」という。）等の機器を稼働させた状態において、扉を開放した際の開口面において喫煙専用室内に向かう気流0.2メートル毎秒以上が確保されていることが必要であること。

(i)　喫煙中、常時扉を開放して使用する手法

出入口においてたばこの煙を防ぐ物理的な障壁がなく、気流でたばこの煙の漏れを防止しているため、空気調和設備の稼働時の空気の流れの変化に特に注意する必要があること。

(ii)　喫煙中は扉を閉鎖して使用し、人が出入りするときのみ扉を開放する手法

喫煙専用室内への十分な給気を確保できるだけの給気口（ガラリ）を扉や扉の開放時に遮られる側壁等に設置すること。

開閉時に空気が乱れにくいため、スライド式の扉を設置するとより効果的であること。

（別紙2の1(2)）

（参考）

喫煙専用室の出入口付近に、紙などで作った短冊状の吹き流しを設置すると、喫煙室の出入口における気流の状況を目視で確認できます。

(ア)　喫煙中、常時扉を開放して使用する手法について

①　喫煙室の出入口から喫煙室内に向かうスムーズな気流により、屋外換気に必要な十分な給気（メークアップエアー）を効率的に確保できます。

②　喫煙室内に空気調和設備を設置しなくても、喫煙室外から間接的に温度等の空気環境を管理できます。

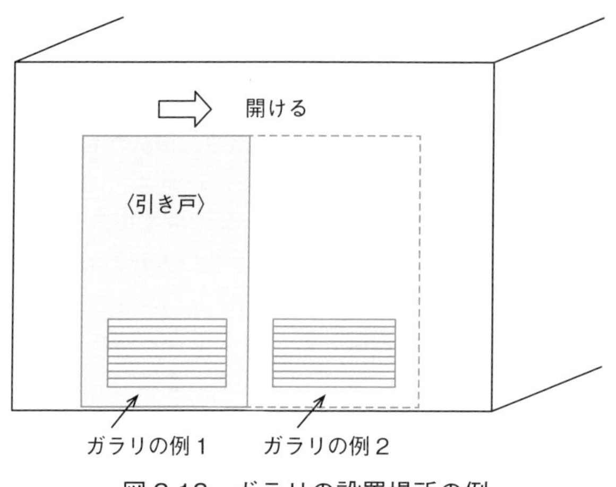

図 2-18　ガラリの設置場所の例

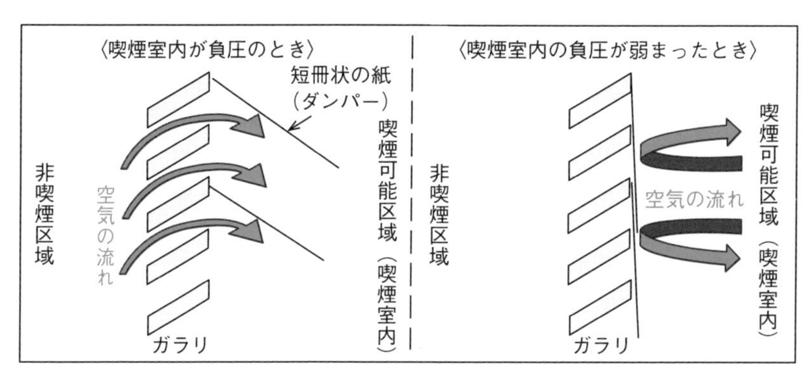

図 2-19　ガラリ部分に短冊状の紙等をダンパー代わりに設置する例

③　喫煙室使用後は、室内のたばこ煙を排出するため、一定時間屋外排気装置を稼働させた後、屋外排気装置を止めて扉を閉めると、エネルギー損失が少なくなります。この際、人感センサーや時差式のスイッチを導入するとさらに効果的です。

④　出入口にたばこ煙を防ぐ物理的な障壁がなく、気流でたばこ煙の漏れを防止しているため、冷暖房の稼働時の空気の流れの変化に、特に注意が必要です。

(イ)　喫煙中は扉を閉鎖して使用し、人が出入りするときのみ扉を開放する手法

①　給気口（ガラリ）における吹き込み風速が大きくなると、喫煙室内部の気流を乱す原因や、騒音の原因となることがあるので注意が必要です。

②　ガラリ部分に短冊状の紙などをダンパー代わりに設置しておくと、喫煙室内の圧力変化によるガラリ部分からのたばこ煙の漏えいを緩和することが可能です（**図 2-19**）。

③　注意すべき事項として、給気が不十分だと排気量が低下すること、喫煙室内にたばこ煙が滞留しやすくなることが考えられます。

(エ)　出入口におけるのれん等の設置
喫煙専用室の出入口にのれん等を設置し、開口面積を狭めると、より少ない換気量で一定以上の気流を確保することができること。　**(別紙2の1(2)エ)**

(参考)

①　開口面積を狭めすぎると、喫煙室内に吹き込む風速が速くなり、喫煙室内の気流の乱れにつながることに注意が必要です。

②　換気量が弱くなると、喫煙室内のたばこ煙の濃度が高くなりやすくなるので、注意が必要です。

(オ)　エアカーテンの活用
喫煙専用室の扉を開放して使用する場合等は、出入口にエアカーテン（天井等に取り付けたユニットから床に向かって空気を吹き出し、冷暖房、煙、埃等の遮断を目的とした送風機器をいう。）を設置してたばこの煙の漏えいを防止する対策も考えられること。
なお、たばこの煙が室外に流出しないよう、風向きや風量を適切に調節する必要があること。

(カ)　空気調和設備
空気調和設備を使用する場合は、吹出し口の近傍に遮蔽板を設置するなど、空気調和設備から吹き出した空気が喫煙専用室の出入口における気流に影響を与えないよう十分配慮すること。　**(別紙2の1(2)オ、カ)**

(参考)

喫煙室内に空気調和設備を使用しない場合は、喫煙室の扉を開放し、喫煙室外から間接的に喫煙室内の空気環境を管理することも考えられます。

(キ)　屋外排気
㋐　屋外排気装置
屋外排気装置の例として、換気扇、天井扇、ラインファン、遠心ファン等があること。
㋑　喫煙専用室の形と屋外排気装置等の配置
同じ床面積であれば喫煙専用室の形は長方形とし、出入口と屋外排気装置は相対する短辺側に設けると、喫煙専用室内の効率的な換気が可能となること。
屋外排気装置で排気したたばこの煙が人の往来が多い区域や他の建物の開口部に流入しないよう、排気する場所も含めて喫煙専用室の設置場所は配慮することが望ましいこと。

㋒　技術的基準に関する経過措置

①　施行時点で既に存在している建築物等であって、管理権原者の責めに帰することができない事由によって、喫煙専用室の屋外排気が困難な場合にあっては、たばこの煙の流出を防止するための技術的基準（下記㋐）に一定の経過措置が設けられていること。この場合、次に掲げる要件を満たす機能を有した脱煙機能付き喫煙ブースを設置すること。

㋐　次に掲げるたばこの煙の流出を防止するための技術的基準に適合すること。

(i)　出入口において、室外から室内に流入する空気の気流が、0.2 メートル毎秒以上であること。

(ii)　たばこの煙が室内から室外に流出しないよう、壁、天井等によって区画されていること。

(iii)　たばこの煙が屋外又は外部の場所に排気されていること。

・扉を開放した状態の開口面において喫煙専用室内に向かう気流 0.2 メートル毎秒以上が確保されていること。

・総揮発性有機化合物の除去率が 95％以上であること。

・当該装置により浄化され、室外に排気される空気における浮遊粉じんの量が 0.015mg/㎥以下であること。

②　当該喫煙ブースから排出された気体が室外（第二種施設等の屋内又は内部の場所に限る。）に排気されるものであること。　**（別紙２の１⑵キ）**

（参考）

○屋外排気装置について

表 2-2 のような利点、考慮すべき事項があります。参考にして選択しましょう。

なお、実際の排気風量は、メーカーのカタログ等に記載されている排気風量より低下するため、大きめの能力の装置を選択しましょう。

表 2-2　屋外排気装置の例

種　類	利　点	考慮すべき事項
換気扇	設置が容易 安価	得られる静圧が低く、屋外の風が強いと排気風量が低下（ウエザーカバーの設置が必須） 騒音が大きくなるため、羽根径が 35cm 以上のものは喫煙室に不向き。
天井扇	外気に接する壁がない場合も設置可能	ダクトによる圧力損失で排気風量が低下するため、静圧・風量曲線図で計算する必要がある。
ラインファン（遠心ファン）	高静圧の製品であれば、圧力損失や外気の影響を受けにくい。	換気扇等と比較すると価格が高い。

○喫煙専用室の形と屋外排気装置等の配置

図 2-20 のような配置が望ましいとされています。また、たばこの煙が拡散する前に吸引し屋外に排気するために、喫煙は屋外排気装置に近い場所で行うようにすると効果的です。

なお、排気については、ダクトを用いて建物の上部から排出することが効果的な対策の一例として考えられますが、圧力損失、費用等の問題があるため、事業場の実情に合わせて検討しましょう。

○吸気口と屋外排気装置との位置関係

屋内開口部と屋外排気装置との位置関係によっては、気流がショートカットし、たばこ煙が滞留する箇所が生じることがあるので注意します。

○局所排気装置

局所排気装置を活用する例として、キャノピーフード（上方から空気を吸引する

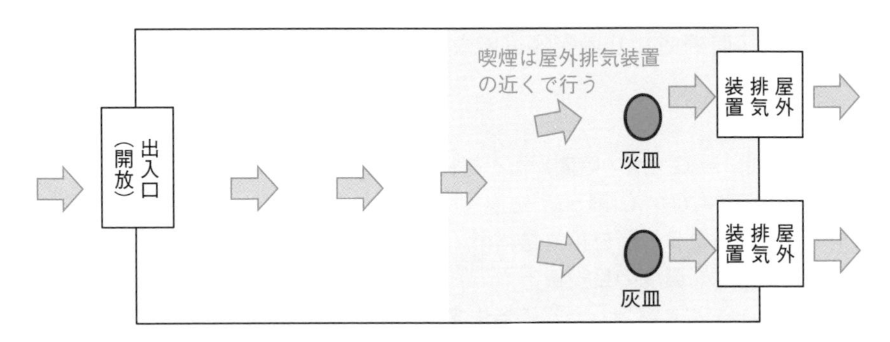

図 2-20　喫煙専用室のレイアウトの例

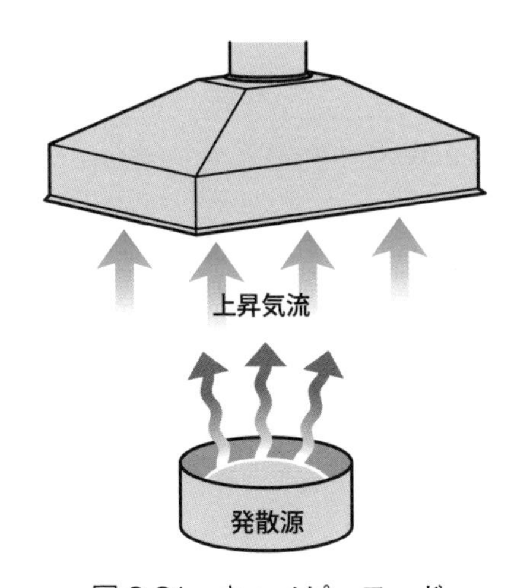

図 2-21　キャノピーフード

排気装置。**図 2-21**）を活用した上部排気を行う方法があり、特に喫煙者が少ない場合（例：一人用の喫煙ボックス）は効率的な排気が可能です。

> ㈬　機器のメンテナンス
> 　屋外排気装置については、経年使用により性能が低下するため、喫煙頻度等の使用実態も鑑みて、おおむね１年に１回程度の適切な頻度でメンテナンスを行うことが望ましいこと。
> 　また、脱煙装置については、フィルターの詰まりなどにより、集じん効率等の性能が急激に低下するため、喫煙頻度等の使用実態も鑑みて、おおむね３カ月に１回程度の適切な頻度で性能評価とメンテナンスを行うことが望ましいこと。
> ㈭　喫煙専用室の利用人数・面積
> 　一般的に、一定時間内の喫煙可能な本数は時間当たりの屋外排気量に依存するため、喫煙専用室における屋外排気量から、同時に喫煙可能な人数の目安を設定すること。
> **（別紙２の１⑵ク、ケ）**

（参考）

次により一定時間当たりの喫煙可能な本数は、例えば次の計算式により求めることができます。

> n（本 / 時間）＝ Q（㎥ / 時間）※1 × 0.15（mg/㎥）※2 ÷ 10（mg/ 本）※3
> 　　　　　　　　＝ Q × 0.015
> ※１：１時間あたりの屋外排気量（㎥ / 時間）
> ※２：浮遊粉じん濃度の目安値
> ※３：たばこ１本を燃焼した際に発生する浮遊粉じん量

狭い喫煙室内で同時に多くの人が喫煙すると、喫煙室内の気流の妨げになるため、喫煙室の床面積や容積にも配慮が必要です。問題なく喫煙室を使用できる面積の目安は、おおよそ以下のとおりです。

> 喫煙室の面積の目安：1.2（立位で使用）～ 1.8（座位で使用）（㎡ / 人）程度

なお、喫煙室の面積を過度に広くすると収容可能人数も増えて、それに伴い、時間あたりの必要排気量も増えるので、注意が必要です。

ウ　喫煙専用室の使用方法の周知

次に掲げる事項を利用者に周知することが効果的であること。

(ア) 喫煙専用室内にたばこの煙が拡散するとたばこの煙の排出効率が悪くなるため、可能な限り屋外排気装置の近くで喫煙すること。
(イ) 同時に喫煙可能な人数の目安を遵守すること。
(ウ) 喫煙専用室からの入退出時はたばこの煙が漏えいしやすいため、可能な限りゆっくり入退出すること。
(エ) 喫煙終了後は速やかにたばこの火を消すこと。
(オ) 喫煙専用室の清掃中やメンテナンス中は喫煙しないこと。 **(別紙2の1(3))**

(2) 屋外喫煙所における効果的な手法等

屋外喫煙所については、開放系と閉鎖系に大別されます。

「開放系」は、屋根のみの構造や、屋根と一部の囲いのみの構造等のものです。

「閉鎖系」は、屋根と壁で完全に囲われ、屋外排気装置等で喫煙所内の環境が管理されているものです。

なお、第一種施設に設置する場合は、いずれの場合も特定屋外喫煙場所の技術的基準を満たすことが必要です。

ア 屋外喫煙所の設置場所

(ア) 事業場の建物の出入口や給気口、人の往来区域等からの距離
(i) 開放系の場合
建物の出入口や窓、吸気口（以下「建物出入口等」という。）、人の往来が多い区域（例：通路や非喫煙者も使う休憩場所）から可能な限り離して設置すると効果的であること。
また、建物の構造等により、比較的風向きが安定している場所があれば、当該場所のうち直近の建物出入口等から見て風下側へ設置すること。
(ii) 閉鎖系の場合
屋外喫煙所の排気口から排出された空気や、屋外喫煙所の出入口からのたばこの煙の漏えいを避けられる場所に設置すること。
(イ) 通気環境
通気が悪い場所に設置する場合には、たばこの煙の滞留に注意すること。開放系については、建物の軒下や壁際に設置する場合には、屋根や壁をつたって建物内にたばこの煙が流入する可能性を十分に考慮するとともに、建物出入口等の付近に設置する場合には、たばこの煙の建物出入口等から建物内への流入に注意すること。
(別紙2の3(1))

イ 屋外喫煙所の施設構造

(ア) 外部からの視認性

屋外喫煙所内部の状況が外部から見える構造にすると、火災予防対策や労務管理が容易となる効果があること。

(イ) 天井（屋根）、壁の構造及び屋外排気装置

たばこの煙を速やかに屋外喫煙所の外に排出するためには、たばこの煙が内部に滞留せず、また天井に沿って水平方向に拡散しないようにすることが効果的であること。

（別紙2の3(2)）

（参考）

効果的な事例と検討が必要な事例を紹介します。

① **図2-22**の〈効果的な事例〉のように、天井部分に傾斜を付け、天井の頂点部分に屋外排気装置を設置し、たばこ煙を建物とは反対側に逃がすような構造にすることが効果的です（開放系、閉鎖系共通）。

なお、同図の〈検討が必要な事例〉のような場合には、たばこ煙が滞留する箇

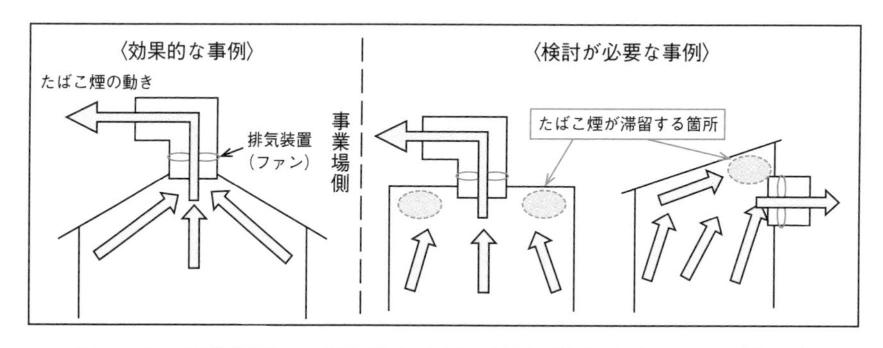

図2-22 屋外喫煙室の効果的な事例、検討が必要な事例（天井部分）

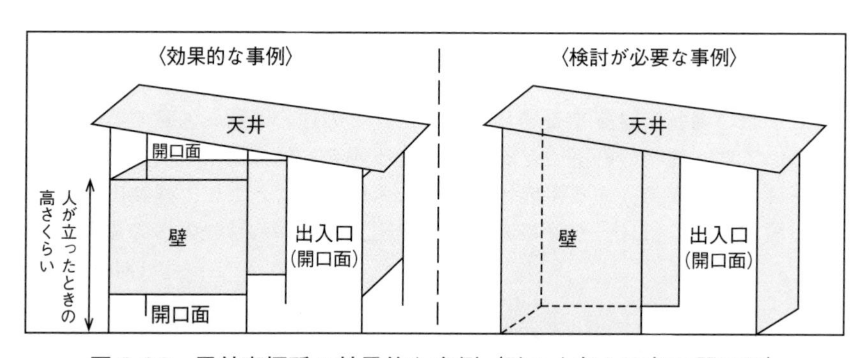

図2-23 屋外喫煙所の効果的な事例（壁の上部と下部に開口面）

所ができますので、改善についての検討が必要です。

② 屋外喫煙所に壁を設置する場合、**図 2-23** の〈効果的な事例〉のような構造にすると、喫煙所内のたばこ煙の滞留を防ぎつつ、屋外喫煙所の近くを往来する者の受動喫煙を低減する効果もあると考えられます（開放系）。

③ 閉鎖系の場合、屋外排気装置で適切に換気し、排出したたばこ煙が建物出入口等から建物内に流入しないような構造にしましょう（閉鎖系）。

(ウ) その他の構造 ※喫煙専用室の考え方の準用後（閉鎖系）
〈屋外喫煙所の施設構造〉
(i) 壁の素材
喫煙によりたばこのヤニ等が壁に付着するため、清掃が容易な素材とすると屋外喫煙所の維持管理がしやすいこと。
また、屋外喫煙所の壁に窓等を設置し、屋外喫煙所内部の状況が見える構造にすると、火災予防対策や労務管理が容易となる効果があると考えられること。
(ii) 屋外排気
① 屋外排気装置
屋外排気装置の例として、換気扇、天井扇、ラインファン、遠心ファン等があること。
② 屋外喫煙所の形と屋外排気装置等の配置
同じ床面積であれば屋外喫煙所の形は長方形とし、出入口と屋外排気装置は相対する短辺側に設けると、屋外喫煙所の効率的な換気が可能となること。
屋外排気装置で排気したたばこの煙が人の往来が多い区域や他の建物の開口部に流入しないよう、排気する場所も含めて屋外喫煙所の設置場所は配慮することが望ましいこと。
(iii) 機器のメンテナンス
屋外排気装置については、経年使用により性能が低下するため、喫煙頻度等の使用実態も鑑みて、おおむね１年に１回程度の適切な頻度でメンテナンスを行うことが望ましいこと。
また、脱煙装置については、フィルターの詰まりなどにより、集じん効率等の性能が急激に低下するため、喫煙頻度等の使用実態も鑑みて、おおむね３カ月に１回程度の適切な頻度で性能評価とメンテナンスを行うことが望ましいこと。
(iv) 屋外喫煙所の利用人数・面積
一般的に、一定時間内の喫煙可能な本数は時間当たりの屋外排気量に依存するため、屋外喫煙所における屋外排気量から、同時に喫煙可能な人数の目安を設定すること。
（別紙２の３(2)）

ウ　屋外喫煙所の使用方法の周知

屋外喫煙所を効果的に使用するため、以下の事項を利用者へ周知すること。

⑺　同時に喫煙可能な人数の目安を順守すること。
⑷　喫煙終了後は速やかにたばこの火を消すこと。
⑼　屋外喫煙所の清掃中やメンテナンス中は喫煙しないこと。　**（別紙２の３⑶）**

(3) その他の共通する事項

喫煙専用室等の出入口及び喫煙専用室等を設置する第二種施設等の主な出入口の見やすい箇所に標識を掲示する際、以下の事項についても表示することが効果的です。

①　同時に喫煙可能な人数の目安

②　適切な使用方法

 受動喫煙防止対策の効果の確認方法は？

喫煙専用室等を設置したうえで、室内の煙を適切に屋外排気する装置（以下「屋外排気措置」という。）を稼働している場合の、たばこ煙の流出防止措置の効果を確認するための標準的な測定方法の一例を以下に示します。厚生労働省の資料「たばこ煙の流出防止措置の効果を確認するための測定方法の例」をもとにしています。

なお、喫煙者がいる条件で測定を実施することもあるため、測定者の受動喫煙対策についても十分配慮することが必要です。

(1) 喫煙専用室等に共通する事項

ア　測定頻度

次の頻度で測定を行います。

① 受動喫煙対策を変更した場合（新規で講じる場合を含む。）、速やかに測定を実施すること。
② 受動喫煙対策の効果を検証するため、四季による気温の変化や空気調和設備の稼働状況を考慮して、おおむね３月以内ごとに１回以上、定期的に測定日を設けて測定を実施すること。
なお、測定の結果、良好な状態が１年以上継続し、かつ、当該区域のたばこ煙濃度に大きな影響を与える事象（自然現象含む。）がない場合、測定頻度を１年以内に１回までの範囲で減らしても差し支えない。
③ その他、従業員や施設の利用者から希望があった場合など、必要があれば随時測定を行うこと。

イ　測定機器

喫煙可能区域（喫煙専用室等）内に向かう気流を次の測定機器で測定します。

JIS T 8202 に準拠した一般用風速計を用いることが望ましい。
なお、風速計のプローブ には指向性があるため、測定時はプローブの向きに留意すること。

ウ　記録

測定結果は（編注　略）記録すること。記録は、３年間保存することが望ましい。

(2) 喫煙専用室等設置の効果の確認方法

ア 喫煙専用室等の室内に向かう気流

喫煙専用室等と非喫煙区域の境界において、必要な風速を満たさない場合は、入口にのれん、カーテン等を設置し、開口面を狭くする工夫、屋外排気装置の改善等を検討する必要がある。

イ 測定方法

① 測定点（場所）
- 喫煙専用室等と非喫煙区域の境界の主たる開口面において、扉等を完全に開放して測定すること。測定点は開口面中央の上部、中央部及び下部の３点とすること。
- のれん、カーテン等を設置し、開口面を狭くする工夫をしている場合においても、のれんやカーテン等で覆われていない開口面中央の上部、中央部及び下部の３点とする。

② 測定条件
- 喫煙専用室等の室内に向かう気流の測定を行う際は、喫煙専用室等を使用する状態で各装置を稼働させ、喫煙者が最も多いと思われる時点で測定するよう努めること。
- 測定時にスモークテスターや線香で風向きを確認することが望ましい。また、１測定点当たりの測定は複数回行うことが望ましい。
- 扉を閉めて喫煙専用室等を使用する場合であっても、気流の測定の際は、喫煙専用室等の出入口の扉を開放すること。

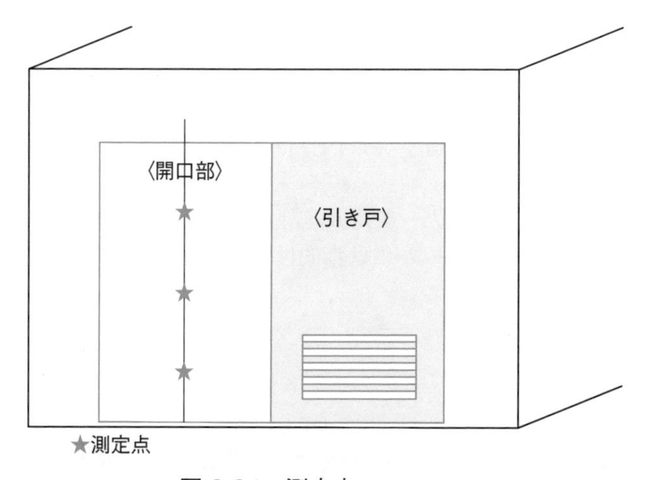

図 2-24 測定点

第３章

電子たばこ、加熱式たばこなど

紙巻きたばこ以外の“たばこ”

紙巻きたばこ、葉巻以外の“たばこ”には以下の３種があります。

- 無煙たばこ（かぎたばこ）…口腔内に含んで使用
- 電子たばこ…ニコチンを含まない溶液をエアロゾル化させ吸入（ニコチンを含む電子たばこは国内では販売されていない。また、ニコチンを含まないものはたばこ事業法の対象外となる。）
- 加熱式たばこ…タバコの葉を燃焼させず加熱する

(1) 無煙たばこ（かぎたばこ）

無煙たばこ（かぎたばこ）はあまり身近に見かけることがありませんが、喫煙に対する世論の厳しくなっている現状から、紙巻きたばこをやめて無煙たばこに変えたり、双方を使用する可能性も大きくなることが予想されます。無煙たばこは日本でも販売されており、たばこの葉を入れた小袋を口に含んで使用します。

無煙という名前から一見害がないような印象を受けますが、口腔がん、膵臓がん、食道がんの原因になることが明確な証拠をもって示されています。

無煙たばこには発がん性の高いニトロソアミン、ホルムアルデヒドなどが存在しており、これが上記のがんの原因になっていることは明らかです。がん以外にも歯周病などの歯科疾患、早産などを引き起こすという報告もあります。

以上のようなことからもEUではスウェーデンを除いて口腔用の無煙たばこは販売が禁止されています。日本では厚生労働省が、発がん性があること、青少年が喫煙をするきっかけをつくるなどで警告文を出していますが、禁止はされていません。

(2) 電子たばこ

電子たばこは吸入カートリッジ部分にあるニコチンを含む溶液（充填液）をエアロゾル化させ霧状のミストを発生させ、それを吸引する構造で、充填液にはプロピレングリコールやグリセロールなどの添加物が加えられています。ニコチンを含まないカートリッジもあります。

ただし、日本では医薬医療機器等法によってニコチンを含む電子たばこは許可されていません。

しかし、ニコチン非含有の電子たばこでも、分析の結果、ほぼ半数から微量ではありますがニコチンが検出されたことがあり、問題になりました。ニコチンを含まない電子たばこはたばこ事業法によるたばこではないということですが、充填液中の化学物質が加熱されて発がん性のあるホルムアルデヒドなどの有害化学物質が発生し、知らず知らずのうちにばく露してしまうことが考えられています。

電子たばこから発するミストを「水蒸気のようなもの」と表現されることがありますが、以上のようなことから無害の水蒸気ではありません。

(3) 加熱式たばこ

加熱式たばこは、改正健康増進法で「たばこのうち、当該たばこから発生した煙が他人の健康を損なうおそれがあることが明らかでないたばことして厚生労働大臣が指定するもの」としてその指定を受けています。「他人の健康をそこなうおそれが明らかでない」ということですが、吸っている本人の健康についてはどうでしょうか。以下それらを含めて現在わかっている点を解説していきます。

加熱式たばこは令和2年3月現在、日本で3社から販売されております。外国資本の2社と日本の1社です。あるものは綿に染みこんでいる有機溶剤を加熱してエアロゾルを発生させ、たばこ粉末を通過させて、ニコチンを吸引するタイプで、あるものは紙巻きたばこ状に加工したたばこの葉を加熱装置に差し込み直接加熱して吸引する形式です。どちらもニコチンを吸入するということに変わりはありません。有害タールやガス成分の発生が減少するということから健康影響が減少し、また副流煙の発生も抑制することで受動喫煙の害を低減させる効果があると宣伝されています。

しかし、加熱式たばこに含まれるニコチン濃度は**図3-1**にあるように紙巻きたばこ

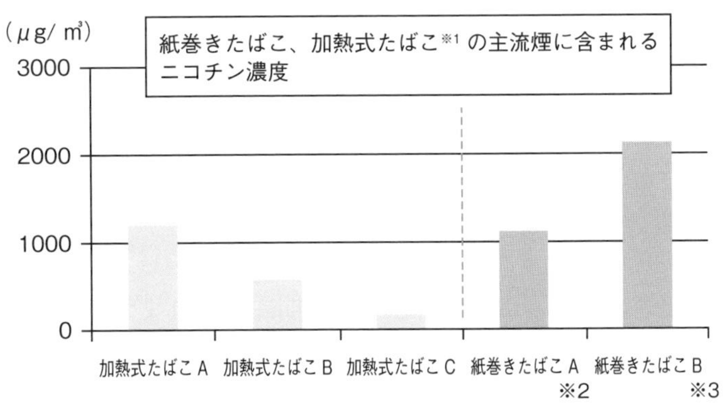

※1：12回吸引（紙巻きたばこで概ね1本に相当する吸引回数）
※2・※3：試験研究用の紙巻きたばこ参照品（※2：1R5F　※3：3R4F）

図3-1　加熱式たばこに含まれるニコチン濃度
（出典：厚生労働省資料）

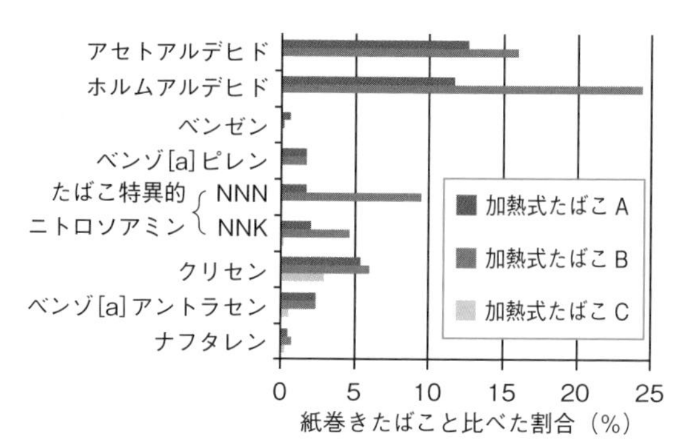

（出典：厚生労働科学特別研究「非燃焼加熱式たばこにおける成分分析の手法の開発と国内外における使用実態や規制に関する研究」）

図 3-2　加熱式たばこに含まれる発がん性物質

と同程度のものもあり、必ずしも少ないというわけではありません。

また、含まれている発がん性物質も多いものは紙巻きたばこの４分の１程度を含有するものもあり（**図 3-2**）、無視できる量ではありません。そもそも発がん性物質の量が少ないということが、すなわち健康リスクもそれに比例して少ないということではありませんので、発がん性物質が存在するかぎりは疾病リスクが高いと判断するべきでしょう。WHO では、たばこの葉を含む全てのたばこ製品は有害であり、加熱式たばこも例外ではないといっています。

以上のことから、加熱式たばこの喫煙者への健康影響は紙巻きたばこと同様と考えられます。

ある大手加熱式たばこ会社のパンフレットには「図表および『有害性成分の量を90％低減』の表現は、本製品の健康に及ぼす悪影響が他の製品と比べて小さいことを意味するものではありません」、「加熱式たばこ（実際には製品名）にリスクがないというわけではありません。たばこ関連の健康リスクを軽減させる一番の方法は、紙巻きたばこも加熱式たばこ（製品名）も両方やめることです」と書かれていますので、その有害性を否定することが難しいのが現状であると考えるべきです。

では、加熱式たばこでも受動喫煙はあるのでしょうか。

前項で加熱式たばこにもニコチンや有害化学物質が含まれていることがわかりましたが、周辺の非喫煙者に影響がでるかどうかが問題になります。

いったん吸入された加熱式たばこの気体の一部は、肺胞に到達せずに呼気に排出されます。咽頭から気管、分岐した気管支の容量は 150mL といわれており、一呼吸でその全量が排出されます（これを解剖学的死腔といいます）ので、合計の量はかなり多くなり、それに周囲の人がばく露されるわけですので、無視できないものです。

② 電子たばこ、加熱式たばこ使用の問題点

これらのたばこの使用が拡大している理由は、健康影響が紙巻きたばこに比して少ないと宣伝されていること、受動喫煙の害が社会的に問題になっていることなどがあります。

加熱式たばこは、タバコ特異的ニトロソアミンなどの有害化学物質は少ないといわれていますが、一方で以下のような問題が指摘されています（たばこ白書）。

① 有害性がゼロではないこと
② 紙巻きたばことの二重使用（デュアル・ユース）をすることがある
③ 非喫煙の者を紙巻きたばこ使用に誘導するきっかけを作る

少しでも有害性が低減するなら紙巻きたばこを使用するよりいいのではないか（これをハームリダクションという）との議論がありますが、発がん物質が存在している事実は重いものと考えるべきでしょう。発がん物質の影響は閾値がない（簡単にいうと少量でも一定の確率でがんが発生する危険がある）というのが現在の考え方ですので、安全なレベルはないと考えるべきです。

有害成分が含まれることがわかっているのであれば、重大な健康影響が証明されるのを待たずに事前に予防の措置をとることが重要です。この立場を「予防原則」といいます。

また国立がん研究センターの研究によると電子たばこで禁煙に成功する割合は禁煙補助剤や禁煙外来受診の方法で禁煙に成功した割合に比べて38％ほど低かったという結果が出ています[4]。一部では禁煙の手段として電子たばこなどを推奨している向きもありますが、現実はそうではないようです。

4　Hirano T, et al　Electric Cigarette use and Smoking Abstinence in Japan : A cross Sectional Study of Quitting Methods. Int.J.Environ.Res.Public Health 2017 14（2）202

職場での留意点

(1) 加熱式たばこをどこで吸うか

改正健康増進法では加熱式たばこもたばこ事業法でいう「たばこ製品」としており、第一種施設や第二種施設の原則禁煙区域では加熱式たばこを吸うことはできません。吸うことができるのは屋外か喫煙専用室、あるいは加熱式たばこ専用喫煙室のみで、事務所等で吸うことは禁じられています。ただ「吸引する有害物が少ないという理由で紙巻きたばこから加熱式たばこに替えたのだから紙巻きたばこを吸う場所で吸いたくない」、ということがいわれてもいます。加熱式たばこ専用の喫煙室を設けることができればよいですが、それが無理なら紙巻きたばこと加熱式たばこの喫煙室使用時間を分けるという方法も考えられます。もちろん、加熱式たばこを吸っているときであっても喫煙専用室ですから、飲食はできません。

(2) 加熱式たばこ専用喫煙室は飲食が可能だが

改正健康増進法では確かに、加熱式たばこ専用喫煙室で飲食等ができるとされています。規定からすると職場内での加熱式たばこ専用喫煙室内でも飲食をすることはできるのですが、労務管理から考えて長時間の飲食が許されるということではないでしょう。せいぜいお茶やコーヒーを飲む程度のことと考えられます。

(3) 加熱式たばこ専用喫煙室を会議室として使用は？

また加熱式たばこ専用喫煙室を他の用途として、例えば会議室として使用するのは改正健康増進法の趣旨からすると適切ではありません。会議には20歳未満の者がメンバーとして参加することも考えると「20歳未満の者の立入禁止」条項との関連で問題でしょう。たとえ会議中に加熱式たばこを吸わないとしても有害物質の残留は十分考えられるからです。

第4章

たばこと健康

たばこ煙にはどのような害があるのですか？

たばこ煙はPM2.5の微細粒子を含み、低濃度長期ばく露のリスク管理が必要な物質であり、死亡原因の最大のリスク因子です。そして三大有害物質は、ニコチン（依存性、血管収縮・血流低下）、タール（多くの発がん物質を含む）、一酸化炭素（CO）（ヘモグロビンと結合して酸素の取り込みを阻害、血管を障害し動脈硬化を促進、運動能力低下、知能低下）です。

喫煙によって発生する主流煙の粒子成分は約4,300種類、ガス成分約1,000種類、合計約5,300種類と報告されており、発がん性のある物質も約70種類存在しています（**表4-1**）。

これらの物質は喫煙により口腔を経て気管支・肺に到達し、血液を介して全身の臓器に運ばれ、ほぼすべての臓器が害を受け、健康に影響を及ぼします。

たばこの健康影響については、各国の政府機関、国際機関、研究グループなどがさまざまな観点から総合的に因果関係を判定していますが、日本国内では国立研究開発法人国立がん研究センターの社会と健康研究センターが中心となり、喫煙を含む危険因子とがんとの関係を包括的に評価しています。平成28（2016）年9月には米国公衆衛生総監報告書の4段階評価（レベル1～4）を取り入れ、喫煙や受動喫煙の健康影響について科学的に判定した、日本人については初めての判定結果報告書が、厚生労働省「喫煙と健康　喫煙の健康影響に関する検討会」から出されました。**図4-1**、**図4-2**は、「検討会報告2016年」をもとに、国立がん研究センター・がん情報サービスが作成したものです。

表4-1　紙巻たばこに含まれる主な有害物質

●発がん物質	●その他の有害物質
ベンゾ(a)ピレン	タール（総称として）
ジメチルニトロソアミン	ニコチン
メチルエチルニトロソアミン	アンモニア
ジエチルニトロソアミン	一酸化炭素
N-ニトロソノルニコチン	二酸化炭素
4-(N-メチル-N-ニトロソアミノ)-1-(3-ピリジル)-1-ブタノン	窒素酸化物
ニトロソピロリジン	フェノール類
キノリン	
メチルキノリン類	
ヒドラジン	
2-ナフチルアミン	
4-アミノビフェニール	
O-トルイジン	

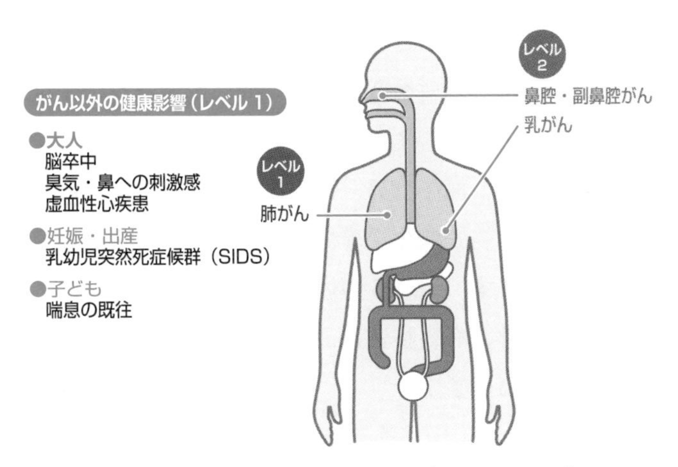

図 4-1　受動喫煙の健康影響（レベル 1、2）
（出典：（国研）国立がん研究センター　がん情報サービス）

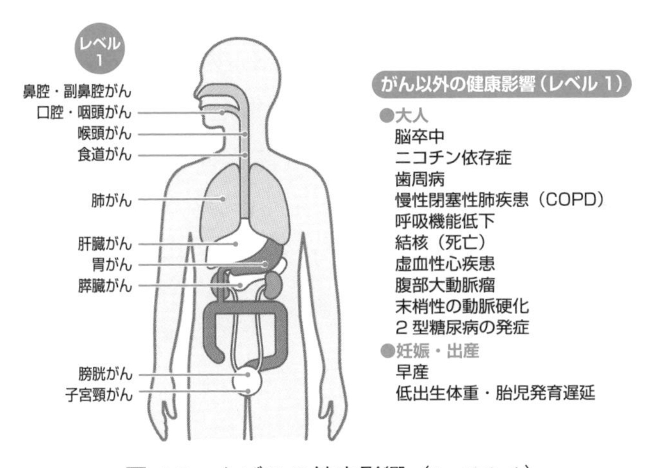

図 4-2　たばこの健康影響（レベル 1）
（出典：（国研）国立がん研究センター　がん情報サービス）

レベル 1：科学的証拠は、因果関係を推定するのに十分である。
レベル 2：科学的証拠は、因果関係を示唆しているが十分ではない。
レベル 3：科学的証拠は、因果関係の有無を推定するのに不十分である。
レベル 4：科学的証拠は、因果関係がないことを示唆している。

たばこ煙の影響

たばこ煙に含まれている有害物質のうち、生理的に影響を及ぼす主な物質は、粒子相に含まれるニコチンと、気相に含まれる一酸化炭素です。ニコチンにより中枢神経系の興奮が生じ、心拍数増加、血圧上昇、末梢血管の収縮・血流低下など、心臓血管系への急性影響がみられます。一酸化炭素は、赤血球のヘモグロビンと結合し、組織への酸素供給が低下減少します。PM2.5の煙が直接接触する眼をはじめ、口、喉、気管支、肺、そして食道などは、有害物質による直接刺激で炎症を起こします。このほか、全身の発がんリスクも高めます。

ア　脳：ニコチン依存症

脳にはニコチンが結合すると快感が生じる$\alpha_4\beta_2$ニコチン受容体があり、たばこを吸うとニコチンは肺→血中→脳に達し受容体に結合。快感を生じさせるドーパミンを放出し、再度たばこを吸いたくなります。喫煙を繰り返しているうちに、イライラなどの離脱症状（禁断症状＝脳の覚醒レベルの低下）を避けるために、喫煙がやめられなくなります。

脳神経細胞では、自律神経などに存在するニコチン性アセチルコリン受容体（nAChRs）にニコチンが結合すると、ニューロンが興奮し電気が流れ、情報を受け取るニューロンとの間の狭い間隙（シナプス）でドーパミンなどの神経伝達物質が放出されます。

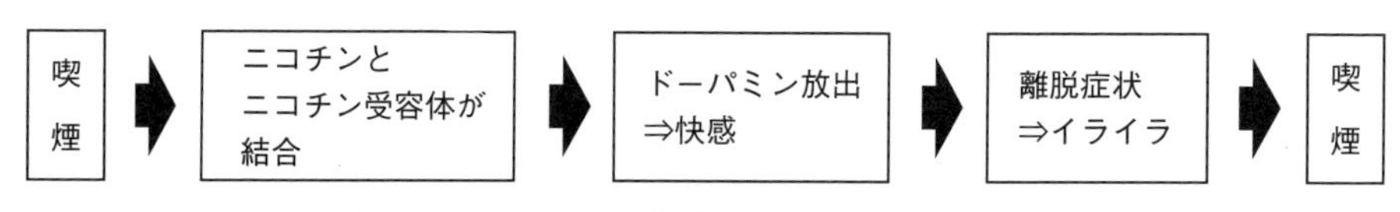

図4-3　ニコチン依存症にいたるサイクル

イ　呼吸器（気管支や肺胞）

たばこ煙は、非常に小さな粒子であるため、肺の奥深くまで入り込みやすく、気管支や肺の炎症は咳・痰、息切れなどを生じ、肺はもちろん、全身に炎症を引き起こします。PM2.5 の濃度が高い地域では、呼吸器・循環器疾患による死亡率が上昇することが知られています（**図 4-4**）。

繰り返したばこ煙にばく露された結果、組織は慢性の血流低下・酸欠・炎症・組織変性に陥り、やがて疾病として発症し、不可逆的な肺の構造破壊（慢性閉塞性肺疾患（COPD）、呼吸機能低下）→呼吸困難～酸素ボンベを必要とする生活となっていきます。

こうなると、粘膜表面の繊毛は剥離し、たばこ煙（PM2.5）や細菌・ウイルスも肺の奥まで入りこみ、肺炎などの状態になりやすくなってしまいます。肺胞は破壊され呼吸困難、息切れなどの症状が特徴的な COPD や喘息など、たばこ煙はこれら呼吸器疾患の原因となり、肺がんも発症します（**図 4-5 ～図 4-7**）。

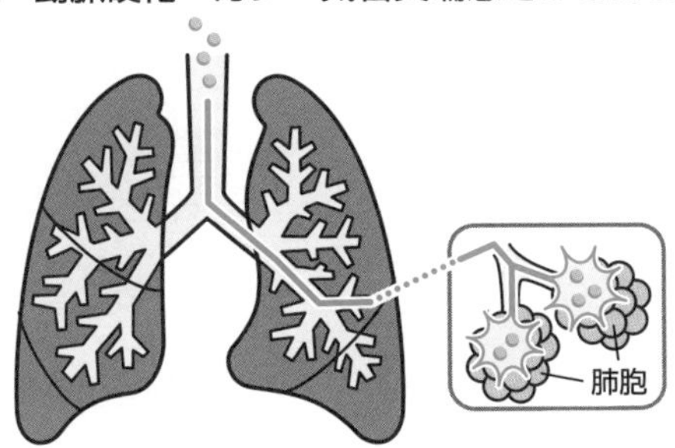

図 4-4　PM2.5 の肺への侵入
（出典：（一社）日本禁煙学会）

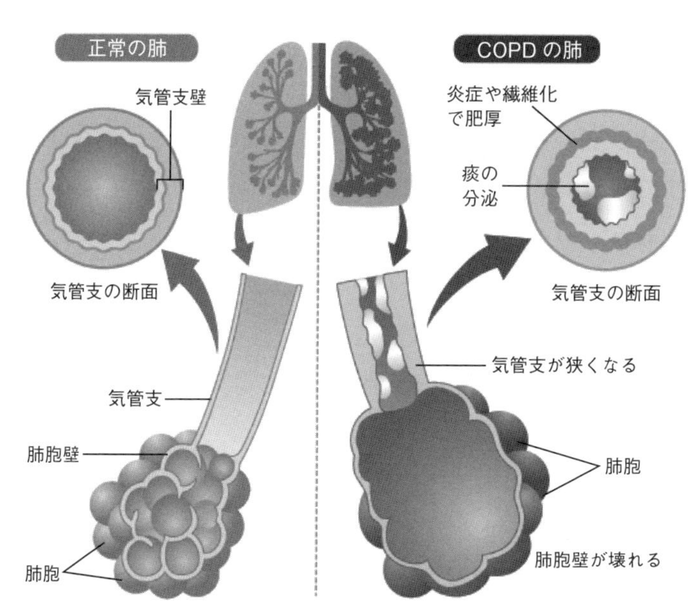

図 4-5　正常の肺とCOPDの肺との比較
（出典：（独）環境再生保全機構ホームページ）

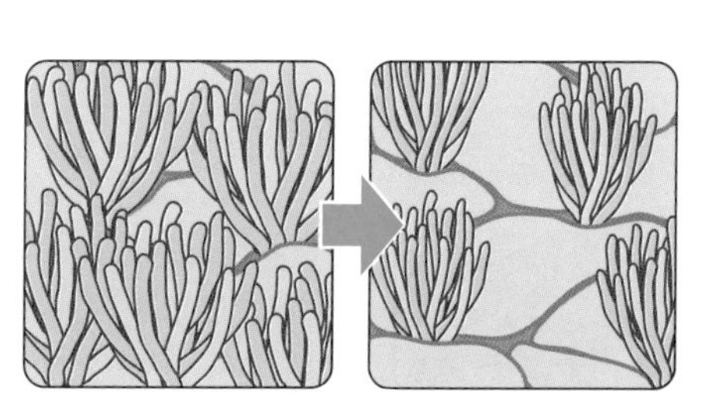

図 4-6　気管支炎の気管支の様子

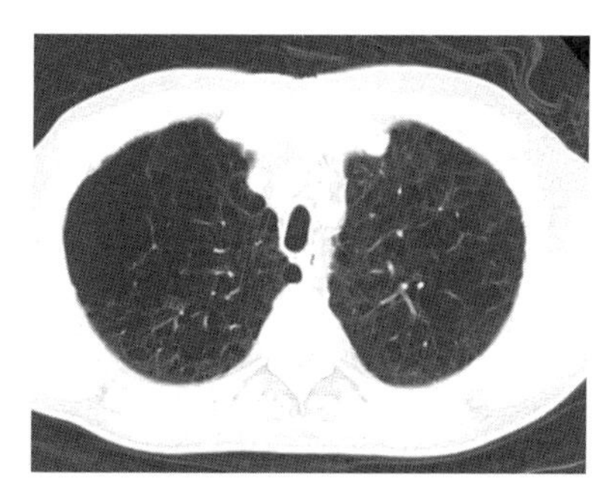

図 4-7　COPDの肺の様子

ウ　血管の変化

たばこ煙を吸うと血管は収縮し、血圧上昇、心拍数増加、末梢血管収縮・循環障害（手や足のしびれ感・冷感、肩こり、首のこり、まぶたの腫れなど）、冷汗などを生じます。

そのとき血液は発がん物質や有害物質を含み、血管内皮の機能障害や炎症が生じ、HDL コレステロール低下、多血症やフィブリノーゲン増多など、酸欠のどろどろ血となり、動脈硬化が加速します（**図 4-8**）。

エ　循環器系

たばこを一服吸うと、血管は収縮し手の血流も急激に低下、脳の血流も低下します（**図 4-9、図 4-10**）。心臓の血管も収縮し、喫煙本数に比例して突然死、冠動脈疾患死も多くなります。

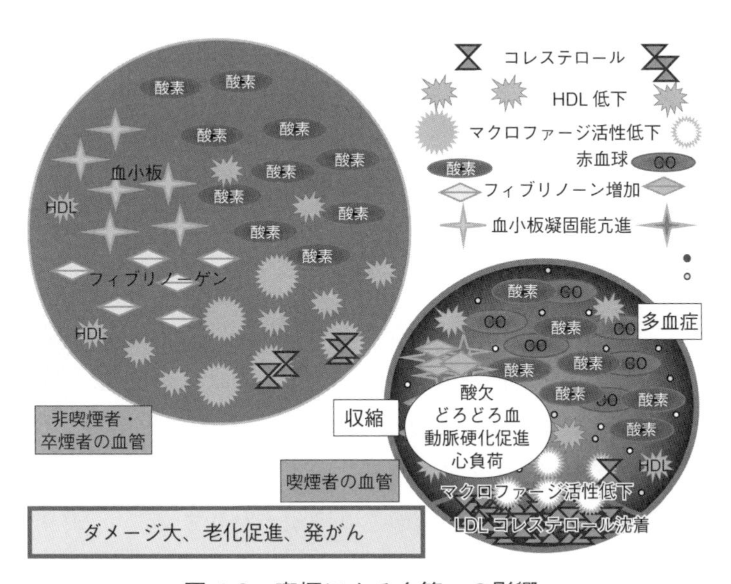

図 4-8　喫煙による血管への影響

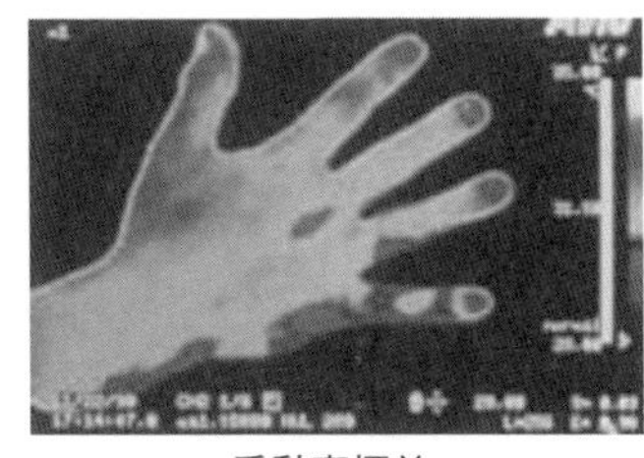

受動喫煙前

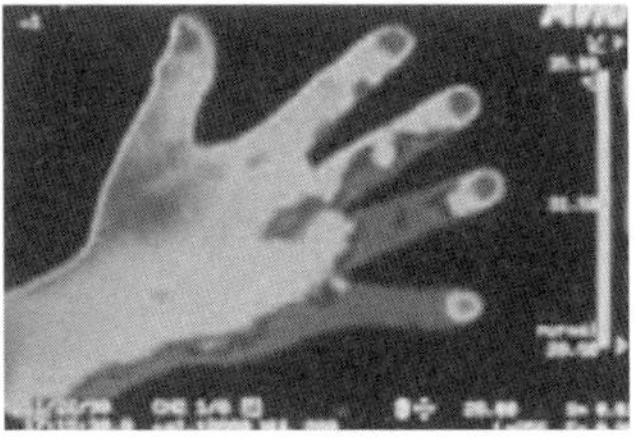

30 秒後

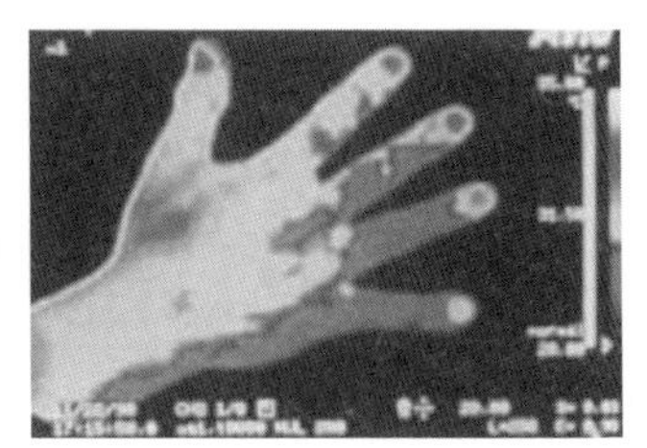

1 分前

図 4-9　受動喫煙による手の血流変化
（出典：（公財）日本学校保健会）

たばこを吸う前　　たばこを吸った後

血流大

血流小

図 4-10　喫煙による脳の血流変化

● 非喫煙者の健康な歯ぐき

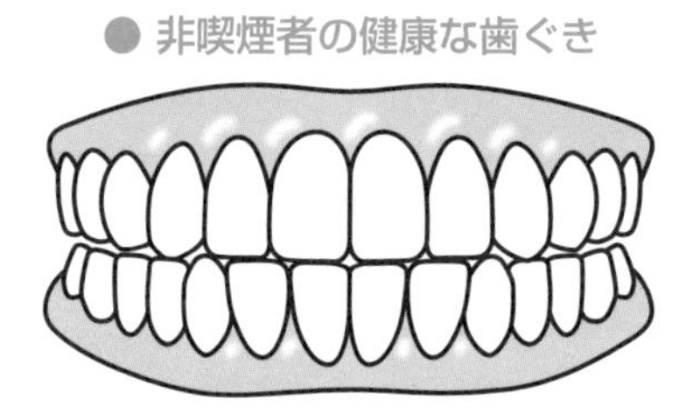

・歯肉はピンク色で引きしまっている。

● 喫煙者の歯ぐき

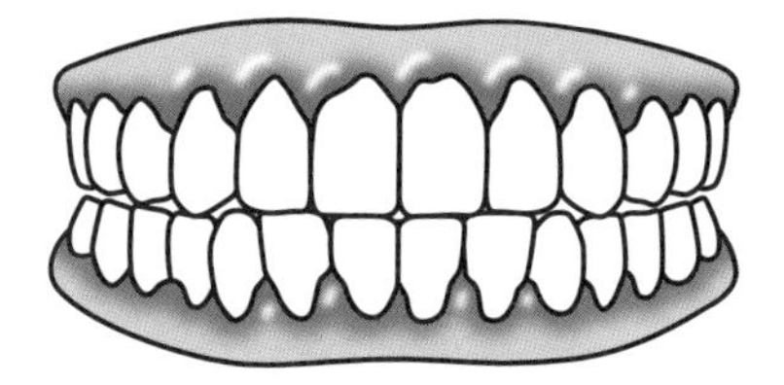

・喫煙は歯周病にかかりやすい環境を作る。
・歯ぐきの血行が悪くなり、免疫力も弱まる。
・プラークや歯石が付着しやすくなる。

図 4-11　喫煙の歯肉への影響

オ　口腔・消化器系：歯周病、う蝕、インプラント失敗、歯の喪失

喫煙は口腔を歯周病やう蝕になりやすい環境にする（**図 4-11**）ほか、口腔粘膜の状態は歯肉のメラニン色素沈着、線維性肥厚といった歯周病となり、胃腸の粘膜も同様で、胃潰瘍、十二指腸潰瘍も起こりやすくなります。

禁煙すると粘膜の状態は正常になり、消化吸収も改善しますので、口寂しくていろいろ食べると、体重増加をきたします。

カ　発がん

喫煙により、発がん物質や有害物質が体内に取り入れられ、直接刺激や血液を介して運ばれることで全身の発がんリスクは上昇します。喫煙の影響がレベル 1 と判定されたものは、肺、口腔・咽頭、鼻腔・副鼻腔、食道、胃、肝臓、膵臓、膀胱、子宮頸部のがん、レベル 2 と判定されたものは急性骨髄性白血病、乳がん、腎盂尿管・腎細胞がん、大腸がん、前立腺がん（死亡）です。

キ　糖尿病：喫煙状況別に見た糖尿病発症リスク

喫煙は、交感神経を刺激して血糖を上昇させ、活性酸素などの作用によりインスリンの働きを妨げると考えられています。そのため喫煙本数が多いほど発症リスクは高く、禁煙でリスクは低下していきます（図 4-12）。

ク　その他：妊婦・胎児、早産、低出生体重・胎児発育遅延、乳幼児突然死症候群（SIDS）、聴力低下

妊婦・胎児への影響について、海外のたばこのパッケージには、図 4-13 のような胎児への喫煙影響を伝える写真をつけて啓発されています。

妊娠中の喫煙は、胎児発育遅延により乳児期の肺機能が低下する原因となり、下部気道の病気にかかりやすくなり、その後の呼吸機能障害を引き起こすリスクも高まります。

聴力にも影響のあることが、約５万人を対象とした国立国際医療研究センター（東京）などの調査で判明しました。喫煙が音を聞き取る内耳細胞にダメージを与える

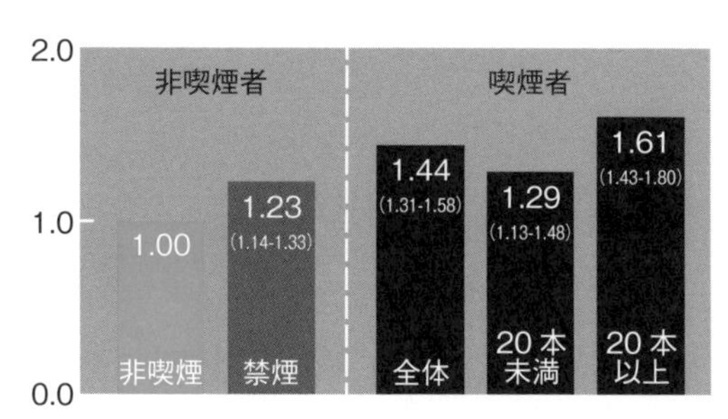

（出典：Willi C, et al,JAMA.2007;298:2654-2664、
中村正和、喫煙と糖尿病、e- ヘルスネット、厚生労働省）

図 4-12　喫煙状況別の糖尿病発症リスク

図 4-13　海外のたばこのパッケージの例（絵表示あり）

と考えられ、喫煙本数が多いほど聴力低下リスクは有意に高く（**図 4-14**）、禁煙5年以内で速やかに聴力低下のリスクは解消しています。聴力は加齢とともに高音域から徐々に低下します。会話や音楽を楽しむためにも、聴力低下を加速させないよう早めの禁煙が肝要です。

ケ　疾病としての発症は、20 ～ 30 年後

若い 20 ～ 30 歳代では禁煙を決意するほどの不愉快な自覚症状はほとんどなく、むしろニコチン依存症であるイライラをはじめとする禁断症状をストレスと思い込み、「喫煙はストレス解消に役立つし、必要なもの」との誤った認識をもってしまいます。そして健康障害として発症するのはずっと先のことが多いので、まだ大丈夫と思ってしまい、禁煙をすることなく喫煙し続けた結果は、周囲の人を巻き込ん

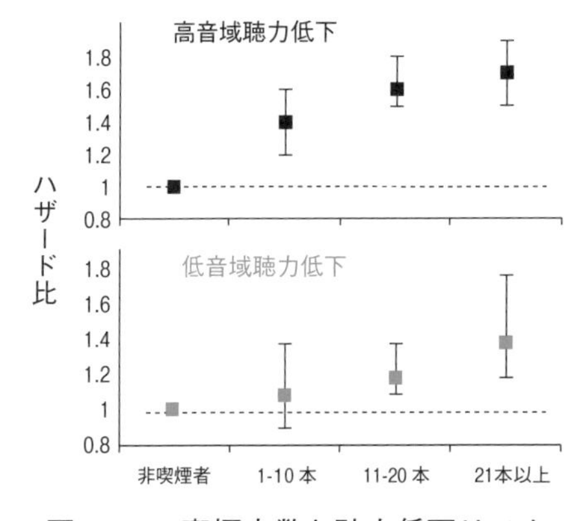

図 4-14　喫煙本数と聴力低下リスク

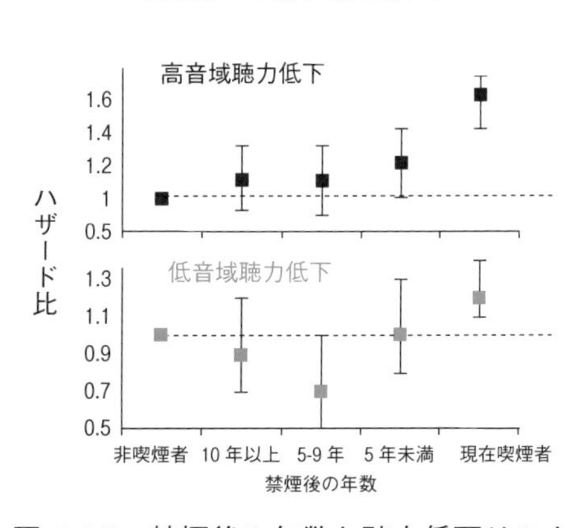

図 4-15　禁煙後の年数と聴力低下リスク

（図 4-14、図 4-15：（国研）国立国際医療研究センター 臨床研究センター、溝上哲也氏作成）

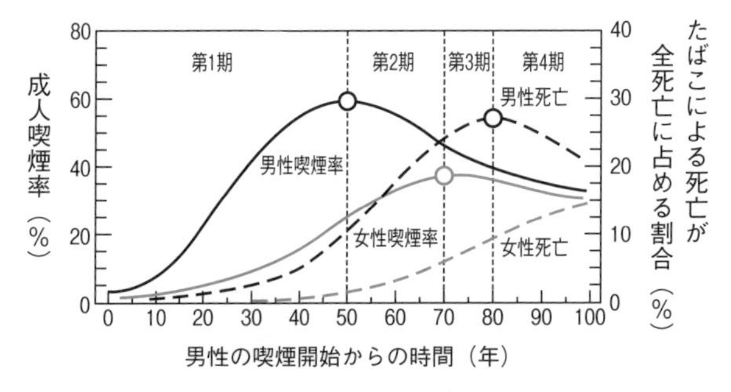

図 4-16　たばことたばこ関連疾患の流行モデル
（出展：「喫煙と健康　喫煙と健康問題に関する検討会報告書」（2002、厚生労働省））

で「有害物質への低濃度・長期ばく露」による健康障害（慢性影響）となって現れることになります。何らかのきっかけがあって禁煙に至ると、「たばこは自分にとって大事なものだから絶対に止めない！」と言っていた人が、孫の一言でやめた結果「たばこは何の意味もなかった！」、「体調がよくなった！」と語り、健康の大切さ、たばこ煙のない生活の良さに気づくことがあります。有害物質の職場環境管理と健康管理の両方の観点から、まさに先手のリスク管理が大切なのです。

喫煙と肺がんの発生についての報告では、20～30年の経過で発症することが示されています。

コ　喫煙者の寿命は、非喫煙者に比べて10年縮まる！

英国の50年間追跡データでは、喫煙者は寿命が10年短いことが判明し、日本でも平均寿命が男性は8年、女性は10年短縮することが報告されています（**図4-17**）。

また、たばこ1本で14.4分寿命が縮むことも報告されています。

このように、能動喫煙で起きる病気は、すべて受動喫煙でも起こりうるということが明らかになってきました。

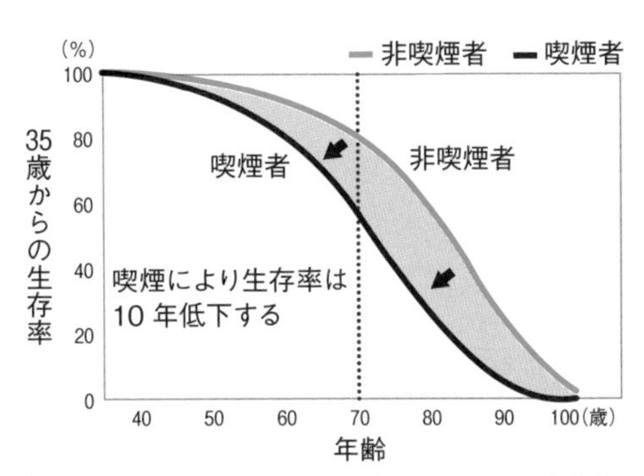

（Doll, R. et al. :BMJ 328(7455): 1519, 2004 を参考に作図）

図4-17　喫煙が生存に与える影響

2 受動喫煙とはどのようなことをいうのでしょうか？

受動喫煙は、改正された健康増進法第25条の4第3項に「人が他人の喫煙によりたばこから発生した煙にさらされることをいう。」と定義されています。

たばこの煙には、喫煙者が吸う「主流煙」（一次喫煙）のほかに、喫煙者がいったん吸い込んだ煙を吐き出す「呼出煙」、たばこの火がついた方から立ちのぼる「副流煙」（「二次喫煙」Second-hand smoke）があり、煙に含まれる発がん性物質などの有害成分は、主流煙より副流煙に多く含まれます。また副流煙や呼出煙が家の壁やカーテン・埃などに吸着され、その後空気成分と反応して生成した有害化学物質を再放散することにより吸い込む「三次喫煙」（Third-hand smoke）もあり、本人は喫煙していなくてもこれら身のまわりのたばこの煙（環境たばこ煙）を吸ってしまいます（**図4-18**、**図4-19**）。

保育園の保育士から「喫煙家庭の子どもはすぐわかります。抱っこするとたばこのにおいがするんです。持参された着替えやシーツもたばこ臭いんです！」とお聞きしました。三次喫煙の問題点は、いったん有害化学物質が壁や埃などに吸着されるため、換気といった対応では解消できないことが挙げられます。

受動喫煙にさらされるとたばこを吸わない人の体内や尿からもたばこの煙の成分が検出され、非常に深刻な健康障害を起こすことが分かっています。

平成30年度国民健康・栄養調査（事業所）では、経年的には受動喫煙は減ってきているものの、飲食店36.9%、路上30.9%、遊技場30.3%、と3割を超えており、いまだかなり高い頻度で受動喫煙が起こっています。また、公共交通機関11.5%、煙の

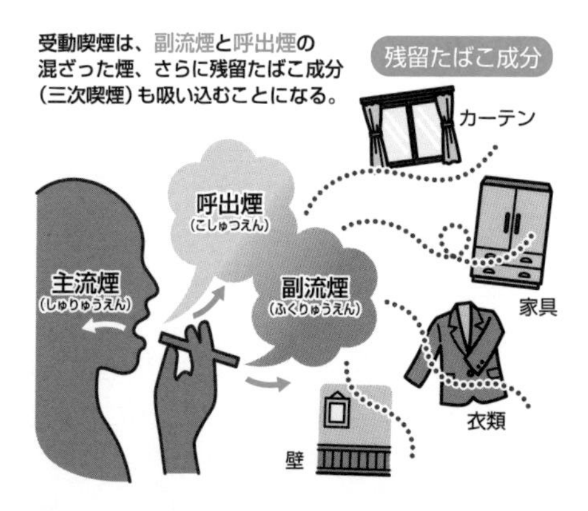

図4-18 能動喫煙・受動喫煙・三次喫煙

図4-19 三次喫煙（サードハンド・スモーク）
（出典：（特非）日本肺癌学会「喫煙問題に関するスライド集」より）

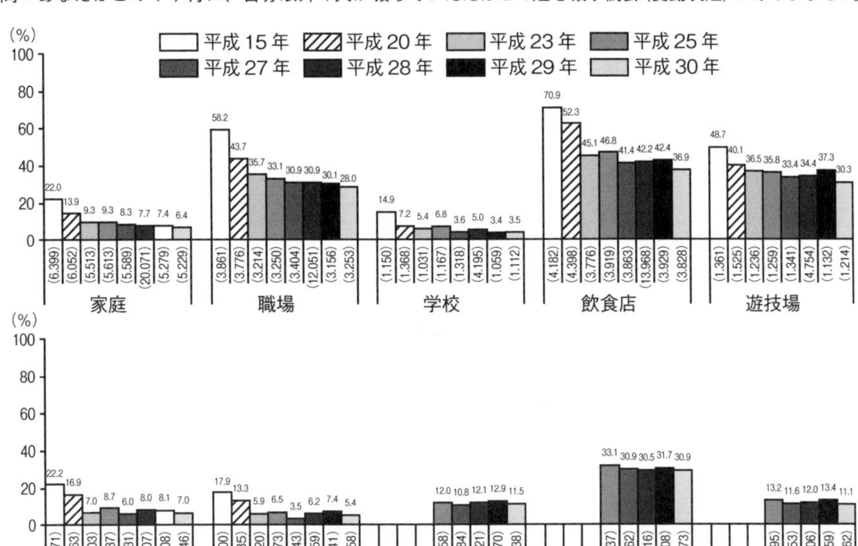

厚生労働省（平成30年国民健康・栄養調査）

図 4-20　受動喫煙の経年変化

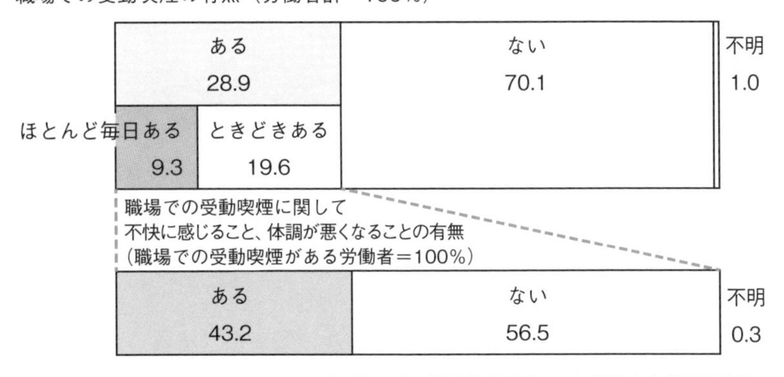

（出典：厚生労働省「平成30年労働安全衛生調査」）

図 4-21　受動喫煙の状況（平成30年）

影響の大きい子どもが利用する屋外の空間11.1％でも１割を超える状況です（図4-20）。

平成30年度国民健康・栄養調査（労働者）によると、職場で受動喫煙があるとする労働者の割合は28.9％（ほとんど毎日ある9.3％、ときどきある19.6％）でした（図4-21）。また、職場での喫煙に対して不快に感じること、体調が悪くなることがあるとする労働者は17.2%（平成29年19.1%）ですが、職場で受動喫煙があるとした労働者においては38.8%と高い値でした。

コラム２　恩賜のたばこからボンボニエール入りの金平糖へ

明治時代には、菊の紋章が入った「恩賜のたばこ」が傷病兵に贈られました。その後も皇室の恩賜および宮内庁の贈品目として存在していました。しかし、1970年代頃から欧米でたばこの有害性が明らかとなり、禁煙運動も盛んとなり、2003年５月に世界保健機関（WHO）総会で「たばこの規制に関する世界保健機関枠組条約」が採択され、翌年には日本も同条約に署名、2005年２月に条約は発効しました。

明確に健康にとって有害とされたことから、「恩賜のたばこ」も2006年末で廃止され、代替品は菊家紋章入りのボンボニエールに金平糖を入れた「恩賜の金平糖」になりました。

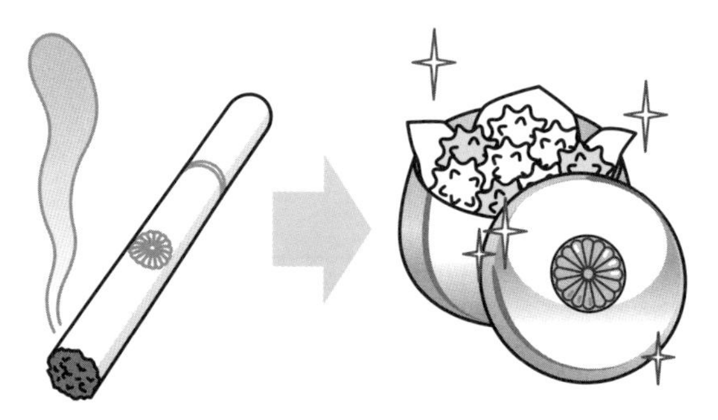

図　「恩賜のたばこ」からボンボニエールに入った「恩賜の金平糖へ」

3 主流煙と副流煙の違いはなんですか？

たばこの煙は、喫煙者がたばこ自体やフィルターを通して吸い込んで口腔内に達するものを「主流煙」、たばこの点火部から立ちのぼる煙を「副流煙」と言います。

発がん物質やその他の有害物質の発生は、主流煙より副流煙の方が多く、主流煙は酸性ですが、副流煙はアルカリ性で、眼や鼻の粘膜を刺激します。

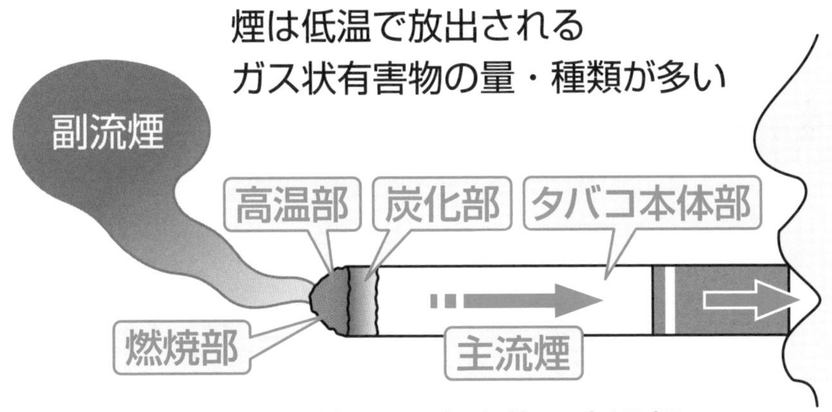

図 4-22　主流煙と副流煙の発生

受動喫煙はどうして有害なのでしょうか？

副流煙は、煙に含まれる有害物質が主流煙と比べて圧倒的に多く、とりわけ発がん物質はかなりの高濃度です（**表 4-2**）。喫煙者の近くにいる人は、この副流煙や喫煙者が吐き出す呼出煙を吸い込むことになり、さらに壁などに付着したたばこ粒子から揮発する発がん物質を含む有害物質が混じりあって生活空間を汚染した「環境たばこ煙」も吸い込むことになります。気づかないうちに望まないたばこ煙が原因の多くの有害物質を吸い込むことになり、健康障害を引き起こすのです。

表 4-2　主流煙と副流煙の成分の違い

	主流煙（MS）	副流煙（SS）	SS/MS 比
●発がん物質（ng/ 本）			
ベンゾ(a)ピレン	20−40	68−136	3.4
ジメチルニトロソアミン	5.7−43	680−823	19−129
メチルエチルニトロソアミン	0.4−5.9	9.4−30	5−25
ジエチルニトロソアミン	1.3−3.8	8.2−73	2−56
N- ニトロソノルニコチン	100−500	500−2750	5
4-(N-メチル-N-ニトロソアミノ)-1-(3-ピリジル)-1-ブタノン	80−220	800−2200	10
ニトロソピロリジン	5.1−22	204−387	9−76
キノリン	1700	18000	11
メチルキノリン類	700	8000	11
ヒドラジン	32	96	3
2-ナフチルアミン	1.7	67	39
4-アミノビフェニール	4.6	140	30
O-トルイジン	160	3000	19
●その他の有害物質（mg/ 本）			
タール（総称として）	10.2	34.5	3.4
ニコチン	0.46	1.27	2.8
アンモニア	0.16	7.4	46
一酸化炭素	31.4	148	4.7
二酸化炭素	63.5	79.5	1.3
窒素酸化物	0.014	0.051	3.6
フェノール類	0.228	0.603	2.6

（出典：厚生労働省「最新たばこ情報」）

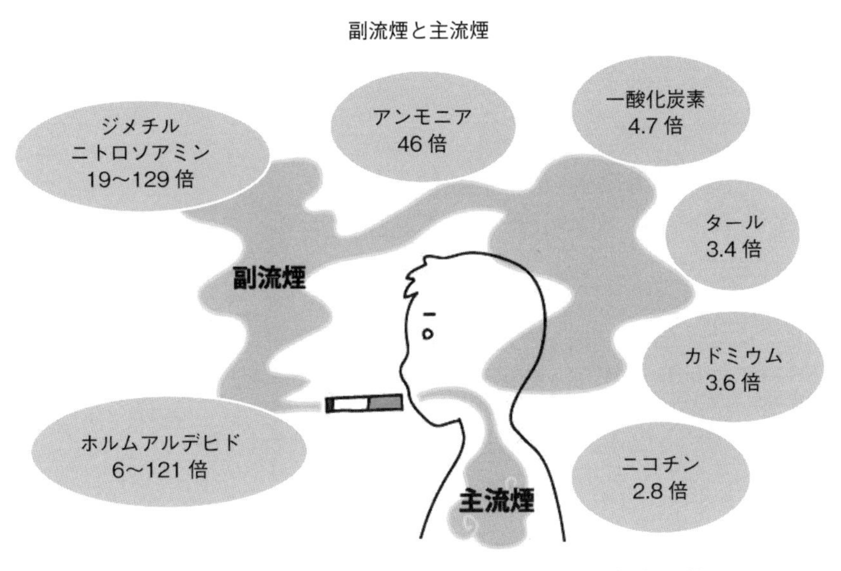

図 4-23　副流煙に含まれる、主流煙以上の有害物質
（出典：（特非）日本肺癌学会「喫煙問題に関するスライド集」より）

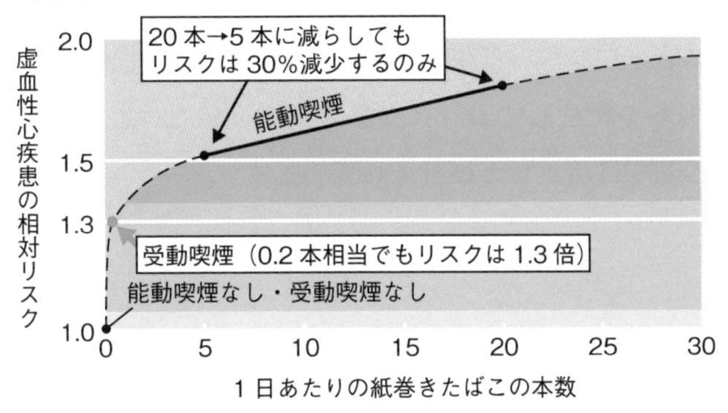

図 4-24　喫煙による虚血性心疾患のリスク上昇
（産業医科大学　大和　浩教授提供資料、Pechacek TF, Babb S. BMJ 2004; 328（7446）:980-3（一部改変）をもとに作図）

主な有害物質を図に表すと、**図 4-23** のようになります。

副流煙の方が圧倒的に有害物質は多いのです。

また、ほんの少しの受動喫煙でも、血小板凝集をはじめ、さまざまな変化が現れ、虚血性心疾患の相対リスクは急上昇することが報告されています（**図 4-24**）。

汚染された空気環境では、濃度の多少にかかわらず身体への影響は少なからず生じ

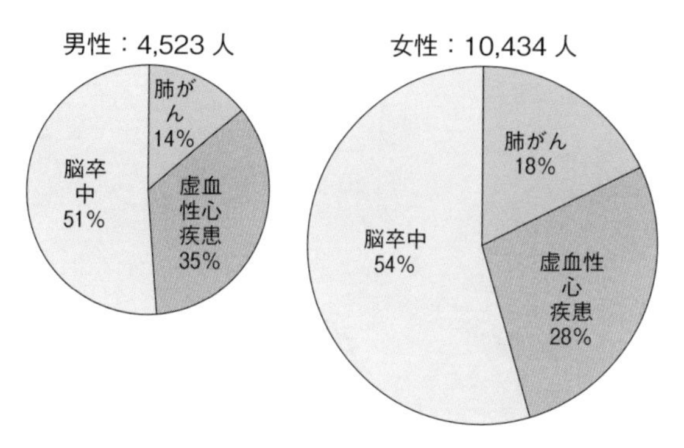

（厚生労働省科学研究費補助金循環器疾患・糖尿病等生活習慣病対策総合研究事業「たばこ対策の健康影響および経済影響の包括的評価に関する研究」報告書をもとに作図）

図 4-25　受動喫煙による年間死亡数推計値

ており、体内汚染は少しずつ進行し、結果として肺がん・虚血性心疾患・脳卒中・乳幼児突然死症候群（SIDS）などの疾病が発症するのです。高濃度の有害物質にさらされる受動喫煙による年間死亡数推計値は、厚生労働省による「たばこ対策の健康影響の包括的評価に関する研究」によると、男性 4,523 人（肺がん 627、虚血性がん心疾患 1,571、脳卒中 2,325）、女性 10,434 人（肺がん 1,857、虚血性心疾患 2,888、脳卒中 5,689）、乳幼児突然死症候群（SIDS）73 人で、合計で約 15,000 人です。

女性の方が約 2 倍多く死亡しており、受動喫煙を受けなければ、年間 15,000 人がこれらの疾患で死亡せずに済んだと推計されています。

5 受動喫煙防止対策の現状はどのような状況でしょうか？

平成30年「労働安全衛生調査（実態調査）」（厚生労働省）では受動喫煙防止対策に取り組んでいる事業所は88.5％（平成29年は85.4％）でやや増加していました。内容で見ると、敷地内禁煙・建物内禁煙の全面禁煙は約半数の52.5％（同48.6％）、隔離された喫煙場所（喫煙室）を設け、それ以外は禁煙にしている空間分煙は19.3％（同18.1％）で、対策が進んでおり全面禁煙の事業所が増えています。

事業所全体では、全面禁煙と空間分煙に取り組んでいる事業所は71.8％（平成29年66.7％）、規模別では、規模の大きい事業所ほど対策は進んでいますが、全面禁煙は規模の小さい事業所の方が進んでいます（**図4-26**）。

業種別に見ると、敷地内禁煙は「教育、学習支援業」51.9％、「医療、福祉」35.5％が上位を占め、建物内禁煙を含めた全面禁煙でも、それぞれ75.7％、79.7％でした（**図4-27**）。これらの業種は、改正健康増進法の第一種施設に該当しますので、次回以降の調査ではさらに全面禁煙が進んでいくものと予測されます。「農業、林業」、「運輸業、郵便業」では敷地内禁煙はわずか1％台ですが、建物内禁煙は4割の取組みがあり、これらをあわせた全面禁煙で見ると最も取組みが進んでいないのは昨年に続き「鉱業、採石業、砂利採取業」の35.9％（平成29年29.1％）で、全体的に取組みは少しずつ進んでいるようです。

職場の受動喫煙防止対策の取組みを進めるにあたり、問題があるとする事業所の割合は37.4％（平成29年調査42.6％）と、やや減少したものの、事業所規模の大きいところほど問題があるとの回答が多く、事業規模「1,000人以上」では55.3％（同

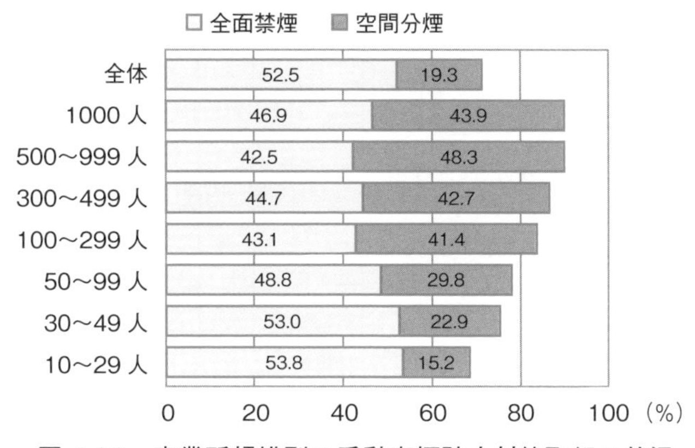

図4-26　事業所規模別の受動喫煙防止対策取組み状況

	敷地内禁煙	建物内禁煙	空間分煙
全体	13.7	38.8	19.3
鉱業、採石業、砂利採取業	2.9	33.0	19.3
製造業	4.9	33.4	22.5
電気・ガス・熱供給・水道業	6.9	34.0	39.8
建設業	4.1	39.1	18.0
生活関連サービス業、娯楽業	12.0	32.2	18.6
宿泊業、飲食サービス業	12.2	32.4	15.7
運輸業、郵便業	1.4	43.4	26.3
農業、林業（林業に限る）	1.3	44.4	9.6
金融業、保険業	10.8	37.6	28.9
サービス業（他に分類されないもの）	8.2	41.4	24.0
卸売業、小売業	12.2	40.3	21.4
複合サービス業	7	47.7	23.8
情報通信業	6.2	49.5	28.4
学術研究、専門・技術サービス業	6.4	51.8	24.3
不動産業、物品賃貸業	13.2	45.2	24.6
教育、学習支援業	51.9	23.8	9.5
医療、福祉	35.5	44.2	7.0

図 4-27　業種別受動喫煙防止対策取組み状況（%）（平成 30 年）

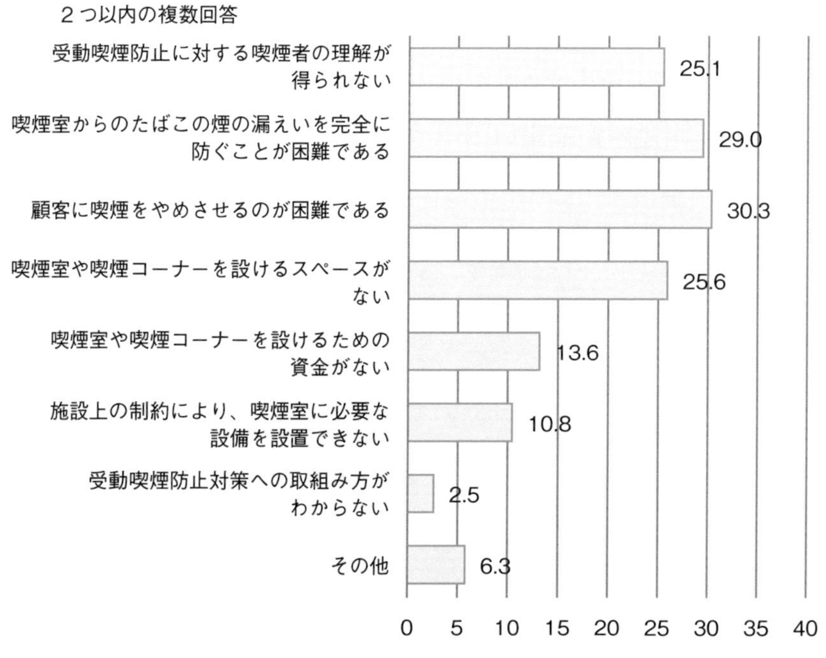

図 4-28　取組みの問題点（%）（平成 30 年）

61.9%）と依然半数以上を占めています。産業別では「生活関連サービス、娯楽業」が51.8%（同50.1%）と最多となり、「宿泊業・飲食サービス業」の49.4%（同57.7%）が続きます。

問題の内容は「顧客に喫煙をやめさせるのが困難である」が30.3%（同34.3%）と最も多く、次いで「喫煙室からのたばこ煙の漏えいを完全に防ぐことが困難である」が29.0%（28.5%）と約3分の1を占めます（**図4-28**）。「喫煙室や喫煙コーナーを設けるスペースがない」25.6%（同25.7%）、「受動喫煙防止に対する喫煙者の理解が得られない」25.1%（同24.0%）とそれぞれが約4分の1を占めています。

これらについては受動喫煙防止の啓発を続け、たばこの健康への影響や改正健康増進法などへの理解を深めることが重要です。すぐに卒煙してもらうことは難しくても、所定の場所は禁煙としてルールを守るよう協力を求めることが大切です。

受動喫煙防止対策の今後の目標

厚生労働省が国民の健康増進を目標に掲げ取り組む「健康日本21（第二次）」では、健康に関する生活習慣の改善及び社会環境の改善として成人の喫煙率の目標（平成22年19.5%→令和4年12%）が設定されています。

また、受動喫煙についても、**表4-3**のように目標を定めています。

早い時期から喫煙対策に取り組み、現在は喫煙者ゼロを達成している会社もあります。入社時に禁煙を宣言してもらい、従業員となったからには少なくとも勤務時間中

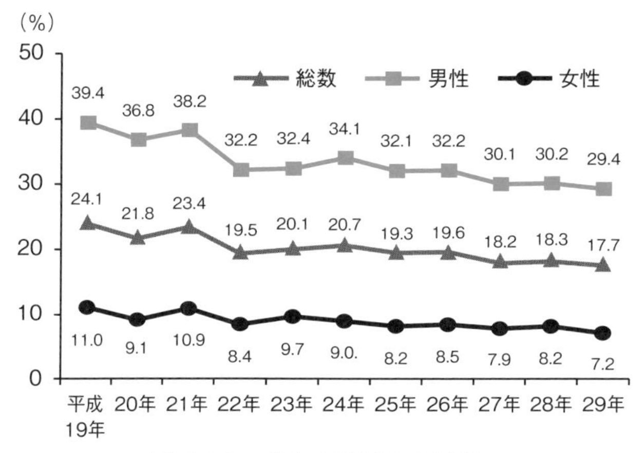

図4-29　成人の喫煙率の推移

表4-3　健康日本21（第二次）目標項目（5）喫煙

項　目	現　状	目　標
①成人の喫煙率の低下（喫煙をやめたい者がやめる）	19.5% （平成22年）	12% （令和4年度）
②未成年者の喫煙をなくす	中学1年生 男子　1.6% 女子　0.9% 高校3年生 男子　8.6% 女子　3.8% （平成22年）	0% （令和4年度）
③妊娠中の喫煙をなくす	5.0% （平成22年）	0% （平成26年）
④受動喫煙（家庭・職場・飲食店・行政機関・医療機関）の機会を有する者の割合の減少	行政機関　16.9% 医療機関　13.3% （平成20年） 職場　64% （平成23年） 家庭　10.7% 飲食店　50.1% （平成22年）	行政機関　0% 医療機関　0% （令和4年度） 職場　受動喫煙の無い職場の実現 （令和2年） 家庭　3% 飲食店　15% （令和4年度）

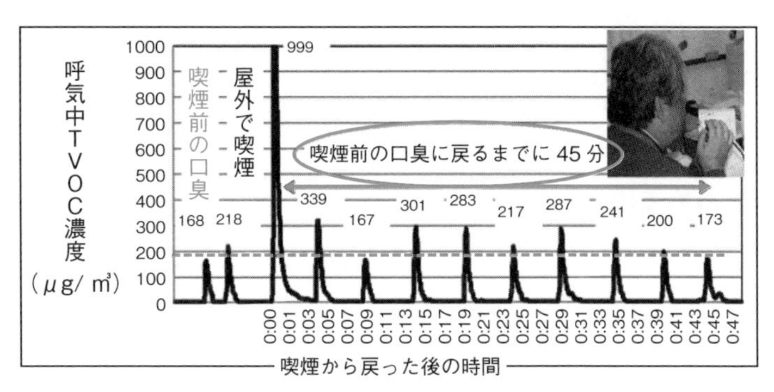

図4-30　喫煙後の口臭の変化
（産業医科大学 大和　浩教授提供）

は禁煙することを社則に設け、順守している会社もあります。

令和元年7月1日より改正健康増進法が一部施行となり、受動喫煙による健康影響が大きい子ども・患者等に特に配慮し、望まない受動喫煙をなくすために、第一種施設（学校・病院・児童福祉施設等、行政機関、旅客運送事業自動車・航空機）の敷地内禁煙がスタートしました。しかし、屋外の受動喫煙を防止可能な場所に喫煙場所を設置することができる、との例外を認めているため、7月1日時点で敷地内全面禁煙を決定した都道府県は10にとどまっています。

喫煙すると呼気には有害物質が多く含まれ、呼気が喫煙前の状況になるのには45分かかるとの報告結果（産業医科大学　産業生態科学研究所　大和浩教授）をもとに、45分間ルールを採用（喫煙後45分間は、エレベーターの使用禁止あるいはバス等の乗車禁止、敷地内へ入ることを禁ずるなど）する会社も出てきています。つまり喫煙がある限り、残留たばこ成分による三次喫煙すなわち受動喫煙のリスクがあるのです。

たばこの問題は、マナーや分煙では解決できません。吸っている人はもちろん吸わない人も、両者がたばこの煙に含まれる有害な化学物質を吸わされるという重大な健康問題なのです。たばこ煙について正しい知識を持ち、ニコチン依存症から立ち直り、ともにきれいな空気環境で生活し働くことができるよう、まずは受動喫煙ゼロを目指して、着実に進めていくことが求められます。

〈受動喫煙防止対策を効果的に進めるための事業所での取組み事項〉

① 敷地内禁煙、あるいは建物内禁煙
② 車内禁煙（社有車禁煙）
③ 就業時間禁煙
④ 禁煙支援（禁煙外来受診、社内の卒煙の取組みイベントなど）
⑤ 非喫煙者の採用
⑥ 社内健康教育、健康経営の取組み

受動喫煙防止対策を進めるうえで知っておくべき知識

健康診断時等の検査値の、喫煙による特徴的変化としては、下記が挙げられます。

① 赤血球系：ヘモグロビン量（Hb）の増加、平均赤血球容積（MCV）の増大

② 白血球系：白血球数（WBC）増多、白血球分画の変化（リンパ球数）

③ 血清脂質：HDL コレステロール値低下、中性脂肪値（TG）上昇

④ 炎症反応マーカー：高感度 CRP 上昇、インターロイキン-6（IL-6）上昇

⑤ 血液凝固能：血小板数増加、フィブリノーゲン増加

⑥ 腫瘍マーカー：CEA 高値

⑦ 呼吸機能：1 秒率低下、肺活量低下

わずかの喫煙で生体影響が早くから生じる喫煙者もいれば、長年喫煙していても影響が見られない喫煙者もおり、健康影響にはかなりの幅があります。

しかし、たばこ煙による汚れた空気環境での生活は、清浄な空気環境の生活に比して、何らかの身体影響があることは否めません。検査値の変化は、酸素欠乏に対する変化であり、多数の有害物質による軽度の慢性炎症反応の表れでもあります。これらの変化は、血管内皮障害を引き起こし、動脈硬化を加速させ、虚血性心疾患や脳卒中の発症へと進展して行くとともに、全身の老化をも加速し発がんをはじめ重大な疾病発症へと進展するのです。

(1) 定期健康診断や人間ドックから、たばこ煙の身体への影響を推測する（喫煙によって影響を受ける検査項目）

たばこ煙は低濃度長期ばく露のリスク管理物質としてとても重要ですが、その影響は不愉快な自覚症状としてはなかなか捉えにくく、喫煙者はニコチン依存症のために、「ストレス解消に役立つものであり、やめにくい・やめたくない」と思いがちです。また影響を受ける程度にも個人差があるので注意が必要です。喫煙は検査値に影響を及ぼし、正しい評価を得られない要因となるため、検査や健康診断を受ける方に対して注意を促すことが必要です。定期健康診断やドックの結果を活用して、禁煙のきっかけ作りが大事になってきます。

ア 肺機能検査（1 秒率）

肺機能は加齢とともに低下していきますが、喫煙者では早期に機能低下を来たし

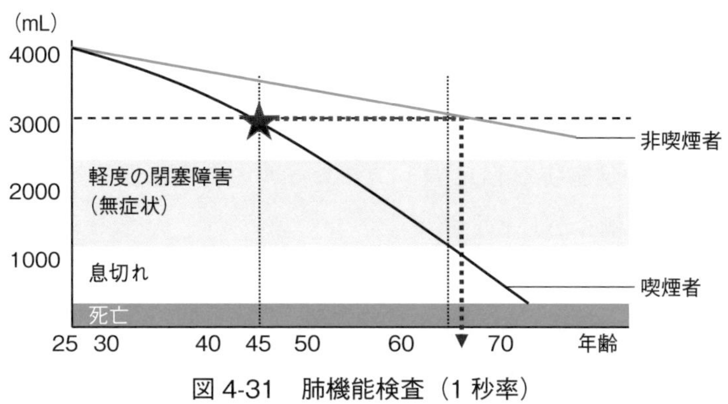

図 4-31　肺機能検査（1 秒率）
（出典：相澤久直、工藤翔二、Progress in Med, 2007）

ます。たとえ基準値内（基準値≧ 70%）であっても測定結果は数値で示されるので、その経過から将来を予測する説明が可能です。肺気腫（COPD）について周知啓発し、早めの卒煙を勧めるきっかけになります。

イ　白血球数増加

種々の炎症の指標として判定されます。基準値（3,200 ～ 8,500/ μL）を超えていれば、あるいは基準値内でも上限に近く上昇している場合は、たばこ煙による炎症の反映と考えられ、喫煙のからだへの影響と関連付けて説明されます。禁煙すると、経過観察していると白血球数増加は徐々に改善していきます。

ウ　赤血球増加・血色素（Hb）上昇（多血症）

喫煙による呼気の CO 濃度上昇、肺胞の破壊（肺気腫）などによるガス交換の障害は、血中酸素濃度の低下（＝体内への酸素の供給低下）を来たすため、これを補うための反応と推測されます。

エ　血小板数増加

白血球数と同様に、基準値（13 ～ 40 × 10_4/ μℓ）を超えていれば、喫煙の影響が大きいと推測されます。

オ　CRP 上昇

CRP は代表的な炎症マーカーとして繁用されますが、気管支の炎症、肺胞の炎症・組織破壊、口腔粘膜・歯周病などと関連したたばこ煙の影響として捉え、気づきを促すことができます。

カ　HDL コレステロール低下・中性脂肪上昇・LDL コレステロール上昇

ニコチンは、中性脂肪や LDL コレステロールの合成を促し、善玉 HDL コレステロールを減らす働きがあります。

キ　活性酸素

喫煙により増えた活性酸素は、血管の内壁にある内皮細胞を傷つけ、そこに血液中の LDL コレステロールが入り込むと、活性酸素により酸化され、酸化 LDL になります。マクロファージはこれを異物と認識し取り込み膨れ上がり、泡沫細胞となり厚いコレステロールの層を作り、血管内腔を狭めていき、血管の老化（動脈硬化）が加速します。

ク　血圧上昇

ニコチンは血中カテコールアミン濃度を上昇させ、交感神経系を刺激しますので、心拍数を増やし、末梢血管を収縮して血圧は上昇します。血糖も上昇します。

ケ　聴力検査（高音域低下）

血管収縮、酸素の取り込み低下により、体内細胞への栄養供給・酸素供給が慢性的に低下し、有害物質を含む汚れた血液が循環することにより、細胞の元気度は低下し、老化も早まります。定期健康診断の 4,000Hz（高音域）の聴力は、50 歳前後より低下が認められ、加齢とともにより顕著になっていきます。

コ　血液ガス分析

喫煙により、一酸化炭素と結合した一酸化ヘモグロビンが増加するため、分析値に影響が出ます。煙に含まれるシアン化水素、チオシアン酸塩などの有害物質は肺の内皮細胞の障害を引き起こすため、末梢白血球数の増加やアンギオテンシン転換酵素（ACE）の数値の低下、腫瘍マーカーである CEA の増加などが認められます。

サ　血中ビタミン C、ビタミン E、その他

最近の研究では、たばこにより発生したフリーラジカル*などは、たばこに含まれるだけでなく、たばこが原因となり体内でも生成されることがわかっています。

たばこによって発生したフリーラジカルを消すために、ビタミンCやビタミンEが消費されることから、喫煙者の血液中に含まれるビタミンC・Eの量は、たばこを吸わない人に比べて極めて少なくなってしまいます。

また喫煙は、ビタミンDの合成を抑制し、カルシウムの吸収を低下させます。妊婦の喫煙は血中フェリチン濃度を増加させるため、鉄欠乏性貧血の発見を遅らせると危惧されています。

*フリーラジカル：電子2つが対になっていない不安定な分子・原子。体内では有毒な作用を及ぼす。

(2) 健康障害・疾病として現れる、気づくのには時間がかかる

喫煙前と喫煙後に血圧を測定すると、喫煙後は明らかに上昇していますが、日常生活では自覚症状もなく気づくことはありません。MRIなどで血流を観察すると、手の血管の血流が低下していることがわかります。脳の血流も低下するのですが、通常自覚症状はありません。むしろドーパミンの過剰放出による快感・元気が出るなどが自覚されます。動脈硬化がかなり進むと「頭がジーンとしびれる。これが快感！」と語った人がいました。一過性の血管収縮による脳の血流障害（長時間の正座による足の痺れと同じ）であると考えられます。

低濃度長期ばく露により20～30年の経過で重大な疾病として発症しますので、有害物質のリスク管理と同じ取組みが必須です。発生源を絶つ（たばこ煙のない空間にする）ことです。敷地内禁煙、就業時間禁煙、社有車禁煙、喫煙後の45分は立入禁止・公共交通機関乗車禁止・エレベーター使用禁止などの取組みが始まっています。そして、禁煙支援・禁煙外来受診勧奨など、禁煙チャレンジへのサポートも同時に取り組まれています。

職場における禁煙の取組み事例

職場の禁煙を実現した事業場の事例を紹介します。

【事例1】

安全衛生委員会で進める受動喫煙防止対策 ～午前中禁煙から就業時間内禁煙へ～

島根県雲南市役所

雲南市役所では、これまでも建物内禁煙、公用車内禁煙などに取り組み、平成27年度の職員喫煙率は17%、喫煙者は男性のみという状況であった。しかし近年は、市民や職員から「新庁舎（平成27年度に移転）のエレベーター内がたばこ臭い」、「公用車内がたばこ臭い」との声があり、三次喫煙が問題となっていた。そこで、平成28年度、雲南市職員安全衛生委員会として職場の受動喫煙防止対策を見直し、産業医の助言を得ながら今後の対策について検討した。

安全衛生委員会では、まず、職員の意識調査をはじめ、研修会等の啓発活動、職場訪問による喫煙状況の確認、各職場での意見交換等を実施。これらの活動により職員の意識を高揚し、最終的に受動喫煙防止について職員から意見聴取を行った。

その結果、禁煙したい喫煙者がいること、非喫煙者は喫煙者の離席に伴う不公平感を感じていること、新たな受動喫煙防止対策を望む声があることが明らかになった。

このことから、平成29年度の安全衛生委員会では、「職場環境整備」、「教育・啓発」、「禁煙支援」、「調査」を受動喫煙防止対策の4つの柱とし、重点項目として平成29年10月より「午前中（8時30分～12時）禁煙」、「禁煙教室の開催」、「希望者へのニコチンパッチ活用支援」に取り組んだ。平成30年度は、前年度の事業を継続するとともに、安全衛生委員会として10月より就業時間内（8時30分～17時15分、昼休憩は除く）禁煙の取組みを開始した。その結果、平成30年度の職員の喫煙率は16%とわずかながら減少し、また、「禁煙した」、「就業時間内禁煙に取り組んだ」、「紙巻きたばこから加熱式たばこに替えた」等、喫煙している職員に行動変容がみられ、喫煙していない職員にも健康と職場環境について考える機会になり、関心が高まりつつある。

令和元年7月からは改正健康増進法の施行により行政機関は敷地内禁煙となり、いままで多数の者が往来する場所にあった喫煙所を施設利用者が通常立ち入らない建物の裏に移転することで受動喫煙防止のための職場の環境改善を図ることができた。

受動喫煙防止対策はあらゆる世代を対象として地域、学校、事業所等と連携し、地域全体の健康づくりの取組みとして広げていく必要がある。

受動喫煙対策としてはまだまだ課題があるが、安心、安全な職場環境づくりのため、今後も安全衛生委員会の活動を活性化させるとともに、毎年度の受動喫煙防止対策の事業評価を行い、職員の健康意識を高めながら、さらに対策を進めていきたい。

【事例 2】

健康な会社を目指して　〜健康経営・受動喫煙防止対策〜

株式会社真幸土木　代表取締役　片寄敏朗

当社は島根県松江市にある建設会社です。私は父の死をきっかけに、仕事をするうえで健康が一番大切だと考え、会社の健康経営に取り組みました。まず、病院指導のもと、健康づくり活動をはじめ、健康講話ではたばこの害を痛感しました。

平成 14 年の当社の喫煙率は 70% で、建設業は喫煙者が多いことも背景にありました。たばこは一人でやめるのが難しく、吸わない人が受動喫煙にさらされてしまうことから、会社全体で受動喫煙防止に取り組むことにしました。

真幸土木の受動喫煙防止対策のポイント

① 経営トップが実践する。
② 健康経営の重要性を経営者と従業員がともに解する。
③ 従業員を財産と考え健康づくりの費用は将来の投資と考える。
④ 健康（たばこの害等）についての知識・情報・禁煙の必要性を理解する機会をつくる。
⑤ 喫煙者を禁煙に挑戦する気持ちにさせる。
⑥ 禁煙は仲間で取り組み、周囲も応援する。
⑦ 禁煙に失敗しても、諦めないように励ます。
⑧ 若い従業員に喫煙させない。
⑨ 結果を焦らないで継続する。

まず、喫煙室を設置し分煙、その後、社員の同意のもと段階的に進め、喫煙場所を屋外に移しました。さらに、平成 18 年には、敷地内全面禁煙を実現し、最近では、平成 28 年に就業時間内禁煙とし、社有車の車内クリーニングも実施しました。全車禁煙とした結果、車内が綺麗になり、事故の減少にもつながりました。

このほか、喫煙者を減らすために喫煙者全員参加による禁煙チャレンジを行っています。講師による講演、禁煙宣言、禁煙外来治療費全額支給をはじめ、報奨金や健康手当支給などの制度を設けました。禁煙期間中は全社員でチャレンジ者の禁煙成功を応援しています。

啓蒙活動としては、たばこの害等について、安全衛生委員会や安全集会など機会があるたびに情報提供し、私自らも従業員メールマガジンとして、随時伝えています。

新入社員に対しても、採用面接時にたばこ対策の取組みを説明し、入社時には禁煙誓約書を提出してもらいます。また、家庭訪問の機会には、従業員のご家族にも禁煙の取組みを説明しています。

参　考

関係法令

【参考資料】(受動喫煙防止関係)

健康増進法（抄）

(平成14年8月2日法律第103号)
(最終改正　令和元年6月7日号外法律第26号)

健康増進法施行令（抄）

(平成14年12月4日政令第361号)
(最終改正　令和元年12月13日政令第183号)

健康増進法施行規則（抄）

(平成15年4月30日厚生労働省令第86号)
(最終改正　令和元年5月7日号外厚生労働省令第1号)

改正健康増進法の施行は原則令和2年4月1日ですが、第一種施設等一部については、令和元年7月1日から施行となっています。また、附則により一定の飲食施設については「既存特定飲食提供施設に関する特例」として一定期間規制が猶予されます。

以下は、健康増進法関係法令の主な条文について法、政令、規則をまとめて記載したものです。令和2年4月1日時点のものとして掲載しています。

※条文の下線箇所については、囲みにて該当する政令等を記載していますので、併せてご確認ください。

第6章　受動喫煙防止

第1節　総則

(国及び地方公共団体の責務)

第25条　国及び地方公共団体は、望まない受動喫煙が生じないよう、受動喫煙に関する知識の普及、受動喫煙の防止に関する意識の啓発、受動喫煙の防止に必要な環境の整備その他の受動喫煙を防止するための措置を総合的かつ効果的に推進するよう努めなければならない。

(関係者の協力)

第26条　国、都道府県、市町村、多数の者が利用する施設（敷地を含む。以下この章において同じ。）及び旅客運送事業自動車等の管理権原者（施設又は旅客運送事業自動車等の管理について権原を有する者をいう。以下この章において同じ。）その他の関係者は、望まない受動喫煙が生じないよう、受動喫煙を防止するための措置の総合的かつ効果的な推進を図るため、相互に連携を図りながら協力するよう努めなければならない。

【通達】全体に関係するものとして次のことが示されている。
① 施設の「屋内」及び「屋外」
改正法の規制の対象となる施設の「屋内」とは、外気の流入が妨げられる場所として、屋根がある建物であって、かつ、側壁が概ね半分以上覆われているものの内部とし、こ

れに該当しない場所については「屋外」となること。

② 「管理権原者」及び「管理者」

改正法においては、施設の管理権原者及び管理者（以下「管理権原者等」という。）に受動喫煙を防止するための措置を講じなければならない義務が生じるところ、「管理権原者」とは、施設における望まない受動喫煙を防ぐための取組について、その方針の判断、決定を行う立場にある者であり、例えば当該義務の履行に必要となる施設の設備の改修等を適法に行うことができる権原を有する者をいうこと。また、「管理者」とは事実上、現場の管理を行っている者をいうこと。

（平成31年2月22日健発0222第1号）（以下、この通達を単に「通達」という。）

（喫煙をする際の配慮義務等）

第27条 何人も、特定施設及び旅客運送事業自動車等（以下この章において「特定施設等」という。）の第29条第1項に規定する喫煙禁止場所以外の場所において喫煙をする際、望まない受動喫煙を生じさせることがないよう周囲の状況に配慮しなければならない。

【通達】

特定施設等（第一種施設、第二種施設及び喫煙目的施設並びに旅客運送事業自動車等（旅客運送事業自動車、旅客運送事業航空機、旅客運送事業鉄道等車両及び旅客運送事業船舶をいう。以下同じ。）をいう。以下同じ。）の喫煙禁止場所以外の場所であっても、子どもなど受動喫煙により健康を損なうおそれが高い者が多く利用する場所（屋外の場所を含む。）については、当該場所の利用者の望まない受動喫煙を防ぐという改正法の目的に鑑み、特定施設等と同様に受動喫煙を防止するための措置を講ずることが望ましく、また、喫煙をする際は、望まない受動喫煙を生じさせることがないよう周囲の状況に特に配慮しなければならないこと。

② 特定施設等の管理権原者は、喫煙をすることができる場所を定めようとするときは、望まない受動喫煙を生じさせることがない場所とするよう配慮しなければならない。

（定義）

第28条 この章において、次の各号に掲げる用語の意義は、当該各号に定めるところによる。

1 たばこ たばこ事業法（昭和59年法律第68号）第2条第3号に掲げる製造たばこであって、同号に規定する喫煙用に供されるもの及び同法第38条第2項に規定する製造たばこ代用品をいう。

2 喫煙 人が吸入するため、たばこを燃焼させ、又は加熱することにより煙（蒸気を含む。次号及び次節において同じ。）を発生させることをいう。

3 受動喫煙 人が他人の喫煙によりたばこから発生した煙にさらされることをいう。

4 特定施設 第一種施設、第二種施設及び喫煙目的施設をいう。

5 第一種施設 多数の者が利用する施設のうち、次に掲げるものをいう。

イ 学校、病院、児童福祉施設その他の受動喫煙により健康を損なうおそれが高い者が主として利用する施設として政令で定めるもの

【健康増進法施行令】

（特定施設）

第3条 法第28条第5号イの政令で定める施設は、次に掲げる施設とする。

1 学校教育法第1条に規定する学校（専ら同法第97条に規定する大学院の用途に

供する施設を除く。)、同法第124条に規定する専修学校(20歳未満の者が主として利用するものとして厚生労働省令で定めるものに限る。)及び同法第134条第1項に規定する各種学校(20歳未満の者が主として利用するものとして厚生労働省令で定めるものに限る。)

(編注) 健康増進法施行規則第14条で定める、保育士、理容師などを養成する施設など26施設等が指定されている。

2～9　略

10　医療法第1条の5第1項に規定する病院、同条第2項に規定する診療所及び同法第2条第1項に規定する助産所

11　略

12　介護保険法第8条第28項に規定する介護老人保健施設及び同条第29項に規定する介護医療院

13　略

14　施術所(あん摩マッサージ指圧師、はり師、きゅう師又は柔道整復師がその業務を行う場所をいう。)の用途に供する施設

以下　略

【健康増進法施行規則】 令和2年4月1日施行

(健康増進法施行令第3条第1号の厚生労働省令で定める専修学校及び各種学校)

第12条　健康増進法施行令第3条第1号の厚生労働省令で定める専修学校は、高等課程、専門課程又は一般課程(一般課程においては、20歳未満の者が主として利用するものに限る。)を有するものとする。

②　令第3条第1号の厚生労働省令で定める各種学校は、高等学校等就学支援金の支給に関する法律施行規則第1条第1項第4号に掲げるものその他20歳未満の者が主として利用するものとする。

ロ　国及び地方公共団体の行政機関の庁舎(行政機関がその事務を処理するために使用する施設に限る。)

6　第二種施設　多数の者が利用する施設のうち、第一種施設及び喫煙目的施設以外の施設をいう。

【通達】

「多数の者が利用する」とは、2人以上の者が同時に、又は入れ替わり利用する施設を意味するものであること。

7　喫煙目的施設　多数の者が利用する施設のうち、その施設を利用する者に対して、喫煙をする場所を提供することを主たる目的とする施設として政令で定める要件を満たすものをいう。

【健康増進法施行令】 令和2年4月1日施行

(喫煙目的施設の要件)

第4条　法第28条第7号の政令で定める要件は、次の各号のいずれかに該当することとする。

1　施設の屋内の場所の全部の場所を専ら喫煙をする場所とするものであること。

2　施設を利用する者に対して、たばこを販売する者によって、対面によりたばこを販売し、当該施設の屋内の場所において喫煙をする場所を提供することを主たる目的とし、併せて設備を設けて客に飲食をさせる営業(通常主食と認められる食事を主として提供するものを除く。)を行うものであること。

3　施設を利用する者に対して、たばこ又は専ら喫煙の用に供するための器具の販売（たばこの販売にあっては、たばこを販売する者によって、対面により販売している場合に限る。）をし、当該施設の屋内の場所において喫煙をする場所を提供することを主たる目的とするものであること（設備を設けて客に飲食をさせる営業を行うものを除く。）。

8　旅客運送事業自動車等　旅客運送事業自動車、旅客運送事業航空機、旅客運送事業鉄道等車両及び旅客運送事業船舶をいう

9　旅客運送事業自勁車　道路運送法（昭和26年法律第183号）による旅客運送事業者が旅客の運送を行うためその事業の用に供する自動車をいう。

10　旅客運送事業航空機　航空法（昭和27年法律第231号）による本邦航空運送事業者（旅客の運送を行うものに限る）が旅客の運送を行うためその事業の用に供する航空機をいう。

11　旅客運送事業鉄道等車両　鉄道事業法（昭和61年法律第92号）による鉄道事業者（旅客の運送を行うものに限る。）及び索道事業者（旅客の運送を行うものに限る。）並びに軌道法（大正10年法律第76号）による軌道経営者（旅客の運送を行うものに限る。）が旅客の運送を行うためその事業の用に供する車両又は搬器をいう。

12　旅客運送事業船舶　海上運送法（昭和24年法律第187号）による船舶運航事業者（旅客の運送を行うものに限る。）が旅客の運送を行うためその事業の用に供する船舶（船舶法（明治32年法律第46号）第1条に規定する日本船舶に限る。）をいう。

13　特定屋外喫煙場所　第一種施設の屋外の場所の一部の場所のうち、当該第一種施設の管理権原者によって区画され、厚生労働省令で定めるところにより、喫煙をすることができる場所である旨を記載した標識の掲示その他の厚生労働省令で定める受動喫煙を防止するために必要な措置がとられた場所をいう。

【健康増進法施行規則】

（特定屋外喫煙場所における受動喫煙を防止するために必要な措置）

第15条　法第28条第13号の規定による掲示は、標識（法第28条第13号に規定する標識をいう。次項第1号において同じ。）に表示すべき事項を容易に識別できるようにするものとする。

②　法第28条第13号の厚生労働省令で定める措置は、次のとおりとする。

1　喫煙をすることができる場所である旨を記載した標識を掲示すること。

2　第一種施設を利用する者が通常立ち入らない場所に設置すること。

【通達】

新法第28条第13号に規定する特定屋外喫煙場所は、第一種施設の屋外の場所の一部の場所のうち、受動喫煙を防止するために必要な措置がとられた場所をいうものであるところ、当該措置とは、以下のものであること。（新規則第15条関係）

①　喫煙をすることができる場所が区画されていること。

「区画」とは、喫煙場所と非喫煙場所を明確に区別することができるものである必要があり、例えばパーテーション等による区画が考えられる。

②　喫煙をすることができる場所である旨を記載した標識を掲示すること。

当該場所が喫煙場所であることが認識できる標識である必要があり、標識例（別添3　略）を示しているので御活用いただきたい。

③　第一種施設を利用する者が通常立ち入らない場所に設置すること。

「施設を利用する者が通常立ち入らない場所」とは、例えば建物の裏や屋上など、

喫煙のために立ち入る場合以外には通常利用することのない場所をいう。
(2)　特定屋外喫煙場所を設置する場合には、近隣の建物に隣接するような場所に設置することがないようにするといった配慮をすることが望ましい。
(3)　第一種施設については、受動喫煙により健康を損なうおそれが高い者が主として利用する施設であることから敷地内禁煙とすることが原則であり、本措置が設けられたことをもって特定屋外喫煙場所を設置することを推奨するものではないことに十分留意すること。

14　喫煙関連研究場所　たばこに関する研究開発（喫煙を伴うものに限る。）の用に供する場所をいう。

第２節　受動喫煙を防止するための措置

（特定施設等における喫煙の禁止等）

第29条　何人も、正当な理由がなくて、特定施設等においては、次の各号に掲げる特定施設等の区分に応じ、当該特定施設等の当該各号に定める場所（以下この節において「喫煙禁止場所」という。）で喫煙をしてはならない。

1　第一種施設　次に掲げる場所以外の場所
　イ　特定屋外喫煙場所
　ロ　喫煙関連研究場所
2　第二種施設　次に掲げる場所以外の屋内の場所
　イ　第33条第3項第1号に規定する喫煙専用室の場所
　ロ　喫煙関連研究場所
3　喫煙目的施設　第35条第3項第1号に規定する喫煙目的室以外の屋内の場所
4　旅客運送事業自動車及び旅客運送事業航空機　内部の場所
5　旅客運送事業鉄道等車両及び旅客運送事業船舶　第33条第3項第1号に規定する喫煙専用室以外の内部の場所

②　都道府県知事は、前項の規定に違反して喫煙をしている者に対し、喫煙の中止又は同項第1号から第3号までに掲げる特定施設の喫煙禁止場所からの退出を命ずることができる。

（特定施設等の管理権原者等の責務）

第30条　特定施設等の管理権原者等（管理権原者及び施設又は旅客運送事業自動車等の管理者をいう。以下この節において同じ。）は、当該特定施設等の喫煙禁止場所に専ら喫煙の用に供させるための器具及び設備を喫煙の用に供することができる状態で設置してはならない。

②　特定施設の管理権原者等は、当該特定施設の喫煙禁止場所において、喫煙をし、又は喫煙をしようとする者に対し、喫煙の中止又は当該喫煙禁止場所からの退出を求めるよう努めなければならない。

③　旅客運送事業自動車等の管理権原者等は、当該旅客運送事業自動車等の喫煙禁止場所において、喫煙をし、又は喫煙をしようとする者に対し、喫煙の中止を求めるよう努めなければならない。

④　前二項に定めるもののほか、特定施設等の管理権原者等は、当該特定施設等における

受動喫煙を防止するために必要な措置をとるよう努めなければならない。

（特定施設等の管理権原者等に対する指導及び助言）

第31条　都道府県知事は、特定施設等の管理権原者等に対し、当該特定施設等における受動喫煙を防止するために必要な指導及び助言をすることができる。

（特定施設等の管理権原者等に対する勧告、命令等）

第32条　都道府県知事は、特定施設等の管理権原者等が第30条第1項の規定に違反して器具又は設備を喫煙の用に供することができる状態で設置しているときは、当該管理権原者等に対し、期限を定めて、当該器具又は設備の撤去その他当該器具又は設備を喫煙の用に供することができないようにするための措置をとるべきことを勧告することができる。

② 都道府県知事は、前項の規定による勧告を受けた特定施設等の管理権原者等が、同項の期限内にこれに従わなかったときは、その旨を公表することができる。

③ 都道府県知事は、第1項の規定による勧告を受けた特定施設等の管理権原者等が、その勧告に係る措置をとらなかったときは、当該管理権原者等に対し、期限を定めて、その勧告に係る措置をとるべきことを命ずることができる。

（喫煙専用室）

第33条　第二種施設等（第二種施設並びに旅客運送事業鉄道等車両及び旅客運送事業船舶をいう。以下この条及び第27条第1項第1号において同じ。）の管理権原者は、当該第二種施設等の屋内又は内部の場所の一部の場所であって、構造及び設備がその室外の場所（特定施設等の屋内又は内部の場所に限る。）へのたばこの煙の流出を防止するための基準として厚生労働省令で定める技術的基準に適合した室（次項及び第3項第1号において「基準適合室」という。）の場所を専ら喫煙をすることができる場所として定めることができる。

【健康増進法施行規則】

（喫煙専用室の技術的基準）

第16条　法第33条第1項の厚生労働省令で定める技術的基準は、次のとおりとする。

1　出入口において、室外から室内に流入する空気の気流が、0.2メートル毎秒以上であること。

2　たばこの煙（蒸気を含む。以下この条及び第18条において同じ。）が室内から室外に流出しないよう、壁、天井等によって区画されていること。

3　たばこの煙が屋外又は外部の場所に排気されていること。

② 第二種施設等（法第33条第1項に規定する第二種施設等をいう。以下この項において同じ。）の屋内又は内部が複数の階に分かれている場合であって、専ら喫煙をすることができる場所が当該第二種施設等の一又は二以上の階の全部の場所である場合における法第33条第1項の厚生労働省令で定める技術的基準は、前項の規定にかかわらず、たばこの煙が専ら喫煙をすることができる階から喫煙をしてはならない階に流出しないよう、壁、天井等によって区画されていることその他の喫煙をしてはならない階へのたばこの煙の流出を防止するための適切な措置が講じられていることとする。

【通達】

喫煙専用室におけるたばこの煙の流出を防止するための技術的基準（新規則第16条第1項関係）

① 新法第33条第1項に規定するたばこの煙の流出を防止するための技術的基準は以下のとおりであること。

ア　出入口において、室外から室内に流入する空気の気流が、0.2m毎秒以上であること。
イ　たばこの煙が室内から室外に流出しないよう、壁、天井等によって区画されていること。
(ア)　「壁、天井等」とは、建物に固定された壁、天井のほか、ガラス窓等も含むが、たばこの煙を通さない材質・構造のものをいうこと。
(イ)　「区画」とは、出入口を除いた場所において、壁等により床面から天井まで仕切られていることをいい、たばこの煙が流出するような状態は認められないこと。
ウ　たばこの煙が屋外又は外部の場所に排気されていること。
なお、「外部」とは、旅客運送事業鉄道等車両等において、旅客運送事業鉄道等車両等の内部にある喫煙専用室から当該旅客運送事業鉄道等車両等の外部に排気することを踏まえて規定したものであり、第二種施設における屋外の場所と同様であること。

②　第二種施設等の管理権原者は、前項の規定により当該第二種施設等の基準適合室の場所を専ら喫煙をすることができる場所として定めようとするときは、厚生労働省令で定めるところにより、当該場所の出入口の見やすい箇所に、次に掲げる事項を記載した標識（以下この節において「喫煙専用室標識」という。）を掲示しなければならない。
1　当該場所が専ら喫煙をすることができる場所である旨
2　当該場所への20歳未満の者の立入りが禁止されている旨
3　その他厚生労働省令で定める事項
③　第二種施設等の管理権原者は、前項の規定により喫煙専用室標識を掲示したときは、厚生労働省令で定めるところにより、直ちに、当該第二種施設等の主たる出入口の見やすい箇所に、次に掲げる事項を記載した標識（以下この節において「喫煙専用室設置施設等標識」という。）を掲示しなければならない。ただし、当該第二種施設等の主たる出入口の見やすい箇所に、既に喫煙専用室設置施設等標識が掲示されている場合は、この限りでない。
1　喫煙専用室（前項の規定により喫煙専用室標識が掲示されている基準適合室をいう。以下この条及び次条第1項において同じ。）が設置されている旨
2　その他厚生労働省令で定める事項

【健康増進法施行規則】
（喫煙専用室標識及び喫煙専用室設置施設等標識の掲示）
第17条　法第33条第2項又は同条第3項の規定による掲示は、喫煙専用室標識又は喫煙専用室設置施設等標識に記載された事項を容易に識別できるようにするものとする。
【通達】
(2)　喫煙専用室標識及び喫煙専用室設置施設等標識の掲示（新法第33条第2項、第3項及び新規則第17条関係）
新法第33条第2項及び第3項において、第二種施設等の基準適合室の場所を専ら喫煙をすることができる場所として定めようとするときは、当該場所の出入口及び当該第二種施設等の主たる出入口の見やすい箇所に必要な事項を記載した標識（それぞれ「喫煙専用室標識」又は「喫煙専用室設置施設等標識」という。以下同じ。）を掲示しなければならないこととしているところ、それぞれ以下に掲げる事項を容易に識別できるように掲示しなければならないこと。
①喫煙専用室標識
・当該場所が専ら喫煙をすることができる場所である旨
・当該場所への20歳未満の者の立入りが禁止されている旨

②喫煙専用室設置施設等標識
・喫煙専用室が設置されている旨
喫煙専用室について、(1) ②の技術的基準に関する経過措置に係る措置を講じているものである場合には、②の標識については、上記項目に加えて、当該喫煙専用室が当該経過措置に係る措置を講じられているものである旨を記載する必要があること。
なお、ピクトグラムを用いた標識例は別添3（編注・略）のとおりであり、厚生労働省のホームページでも公表することとしているので、御活用いただきたい。この際、標識の配置や配色等については、各施設の様態により適宜加工・修正の上、使用して構わない。

④ 喫煙専用室が設置されている第二種施設等（以下この節において「喫煙専用室設置施設等」という。）の管理権原者は、当該喫煙専用室設置施設等の喫煙専用室の構造及び設備を第1項の厚生労働省令で定める技術的基準に適合するように維持しなければならない。
⑤ 喫煙専用室設置施設等の管理権原者等は、20歳未満の者を当該喫煙専用室設置施設等の喫煙専用室に立ち入らせてはならない。
⑥ 喫煙専用室設置施設等の管理権原者は、喫煙専用室の場所を専ら喫煙をすることができる場所としないこととしようとするときは、当該喫煙専用室において掲示された喫煙専用室標識を除去しなければならない。
⑦ 喫煙専用室設置施設等の管理権原者は、当該喫煙専用室設置施設等の全ての喫煙専用室の場所を専ら喫煙をすることができる場所としないこととしたときは、直ちに、当該喫煙専用室設置施設等において掲示された喫煙専用室設置施設等標識を除去しなければならない。

（喫煙専用室設置施設等の管理権原者に対する勧告、命令等）

第34条 都道府県知事は、喫煙専用室設置施設等の喫煙専用室の構造又は設備が前条第1項の厚生労働省令で定める技術的基準に適合しなくなったと認めるときは、当該喫煙専用室設置施設等の管理権原者に対し、当該喫煙専用室において掲示された喫煙専用室標識及び当該喫煙専用室設置施設等において掲示された喫煙専用室設置施設等標識（喫煙専用室設置施設等に複数の喫煙専用室が設置されている場合にあっては、当該喫煙専用室設置施設等の全ての喫煙専用室の構造又は設備が同項の厚生労働省令で定める技術的基準に適合しなくなったと認めるときに限る。）を直ちに除去し、又は当該喫煙専用室の構造及び設備が同項の厚生労働省令で定める技術的基準に適合するまでの間、当該喫煙専用室の供用を停止することを勧告することができる。
② 都道府県知事は、前項の規定による勧告を受けた喫煙専用室設置施設等の管理権原者が、その勧告に従わなかったときは、その旨を公表することができる。
③ 都道府県知事は、第1項の規定による勧告を受けた喫煙専用室設置施設等の管理権原者が、その勧告に係る措置をとらなかったときは、当該管理権原者に対し、その勧告に係る措置をとるべきことを命ずることができる。

（喫煙目的室）

第35条 喫煙目的施設の管理権原者は、当該喫煙目的施設の屋内の場所の全部又は1部の場所であって、構造及び設備がその室外の場所（特定施設等の屋内又は内部の場所に限る。）へのたばこの煙の流出を防止するための基準として厚生労働省令で定める技術的基準に適合した室（次項及び第3項第1号において「基準適合室」という。）の場所を喫煙をすることができる場所として定めることができる。

【健康増進法施行規則】

（喫煙目的室の技術的基準）

第18条　法第35条第1項の厚生労働省令で定める技術的基準は、次のとおりとする。

1　出入口において、室外から室内に流入する空気の気流が、0.2メートル毎秒以上であること。

2　たばこの煙が室内から室外に流出しないよう、壁、天井等によって区画されていること。

3　たばこの煙が屋外又は外部の場所に排気されていること。

②　喫煙目的施設の屋内が複数の階に分かれている場合であって、喫煙をすることができる場所が当該喫煙目的施設の一又は二以上の階の全部の場所である場合における法第35条第1項の厚生労働省令で定める技術的基準は、前項の規定にかかわらず、たばこの煙が喫煙をすることができる階から喫煙をしてはならない階に流出しないよう、壁、天井等によって区画されていることその他の喫煙をしてはならない階へのたばこの煙の流出を防止するための適切な措置が講じられていることとする。

②　喫煙目的施設の管理権原者は、前項の規定により当該喫煙目的施設の基準適合室の場所を喫煙をすることができる場所として定めようとするときは、厚生労働省令で定めるところにより、当該場所の出入口の見やすい箇所に、次に掲げる事項を記載した標識（以下この節において「喫煙目的室標識」という。）を掲示しなければならない。

1　当該場所が喫煙を目的とする場所である旨

2　当該場所への20歳未満の者の立入りが禁止されている旨

3　その他厚生労働省令で定める事項

③　喫煙目的施設の管理権原者は、前項の規定により喫煙目的室標識を掲示したときは、厚生労働省令で定めるところにより、直ちに、当該喫煙目的施設の主たる出入口の見やすい箇所に、次に掲げる事項を記載した標識（以下この節において「喫煙目的室設置施設標識」という。）を掲示しなければならない。ただし、当該喫煙目的施設の主たる出入口の見やすい箇所に、既に喫煙目的室設置施設標識が掲示されている場合は、この限りでない。

1　喫煙目的室（前項の規定により喫煙目的室標識が掲示されている基準適合室をいう。以下この条及び次条において同じ。）が設置されている旨

2　その他厚生労働省令で定める事項

【健康増進法施行規則】

（喫煙目的室標識及び喫煙目的室設置施設標識の掲示）

第19条　法第35条第2項又は同条第3項の規定による掲示は、喫煙目的室標識又は喫煙目的室設置施設標識に記載された事項を容易に識別できるようにするものとする。

④　喫煙目的室が設置されている喫煙目的施設（以下この節において「喫煙目的室設置施設」という。）の管理権原者は、当該喫煙目的室設置施設が第28条第7号の政令で定める要件を満たすように維持しなければならない。

⑤　喫煙目的室設置施設の管理権原者は、当該喫煙目的室設置施設の喫煙目的室の構造及び設備を第１項の厚生労働省令で定める技術的基準に適合するように維持しなければならない。

⑥　喫煙目的室設置施設（喫煙目的室において客に飲食をさせる営業が行われる施設その他の政令で定める施設に限る。以下この項及び第８項において同じ。）の管理権原者は、帳簿を備え、当該喫煙目的室設置施設の第28条第７号の政令で定める要件に関し厚生労働省令で定める事項を記載し、これを保存しなければならない。

【健康増進法施行令】令和２年４月１日施行

（喫煙目的施設の要件）

第４条　（略）　101頁参照

（帳簿を備えることを要する喫煙目的室設置施設）

第５条　法第35条第６項の政令で定める施設は、前条第２号又は第３号に掲げる要件に該当する施設とする。

【健康増進法施行規則】

（帳簿の記載事項）

第20条　法第35条第６項の厚生労働省令で定める事項は、たばこ事業法（昭和59年法律第68号）第22条第１項又は第26条第１項の許可に関する情報とする。

（編注）たばこ事業法

（製造たばこの小売販売業の許可）

第22条　製造たばこの小売販売（消費者に対する販売をいう。以下同じ。）を業として行おうとする者は、当分の間、その製造たばこに係る営業所（以下第37条まで及び第49条において「営業所」という。）ごとに財務大臣の許可を受けなければならない。会社又は特定販売業者が小売販売を業として行おうとするときも、同様とする。

（出張販売）

第26条　小売販売業者は、その営業所以外の場所に出張して製造たばこの小売販売をしようとする場合においては、財務省令で定めるところにより、その場所ごとに、財務大臣の許可を受けなければならない。

⑦　喫煙目的室設置施設の管理権原者等は、20歳未満の者を当該喫煙目的室設置施設の喫煙目的室に立ち入らせてはならない。

⑧　喫煙目的室設置施設の管理権原者等は、当該喫煙目的室設置施設の営業について広告又は宣伝をするときは、厚生労働省令で定めるところにより、当該喫煙目的室設置施設が喫煙目的室設置施設である旨を明らかにしなければならない。

【健康増進法施行規則】

（喫煙目的室設置施設の営業に係る広告又は宣伝方法）

第21条　喫煙目的室設置施設の管理権原者等（法第30条第１項に規定する管理権原者等をいう。）は、その営業について広告又は宣伝をするときは、当該喫煙目的室設置施設が喫煙目的室設置施設である旨を明瞭かつ正確に表示するものとする。

⑨　喫煙目的室設置施設の管理権原者は、喫煙目的室の場所を喫煙をすることができる場所としないこととしようとするときは、当該喫煙目的室において掲示された喫煙目的室標識を除去しなければならない。

⑩　喫煙目的室設置施設の管理権原者は、当該喫煙目的室設置施設の全ての喫煙目的室の

場所を喫煙をすることができる場所としないこととしたときは、直ちに、当該喫煙目的室設置施設において掲示された喫煙目的室設置施設標識を除去しなければならない。

（喫煙目的室設置施設の管理権原者に対する勧告、命令等）

第36条 都道府県知事は、喫煙目的室設置施設が第28条第7号の政令で定める要件を満たしていないと認めるときは、当該喫煙目的室設置施設の管理権原者に対し、当該喫煙目的室設置施設の喫煙目的室において掲示された喫煙目的室標識及び当該喫煙目的室設置施設において掲示された喫煙目的室設置施設標識を直ちに除去し、又は当該喫煙目的室設置施設が同号の政令で定める要件を満たすまでの間、当該喫煙目的室設置施設の供用を停止することを勧告することができる。

（第2項～第4項・略）（編注：基準に適合しなくなった場合の都道府県知事の勧告等。）

（標識の使用制限）

第37条 何人も、次に掲げる場合を除き、特定施設等において喫煙専用室標識、喫煙専用室設置施設等標識、喫煙目的室標識若しくは喫煙目的室設置施設標識（以下この条において「喫煙専用室標識等」と総称する。）又は喫煙専用室標識等に類似する標識を掲示してはならない。

1 第二種施設等の管理権原者が第33条第2項の規定により喫煙専用室標識を掲示する場合又は同条第3項の規定により喫煙専用室設置施設等標識を掲示する場合

2 喫煙目的施設の管理権原者が第35条第2項の規定により喫煙目的室標識を掲示する場合又は同条第3項の規定により喫煙目的室設置施設標識を掲示する場合

② 何人も、次に掲げる場合を除き、喫煙専用室標識等を除去し、又は汚損その他喫煙専用室標識等の識別を困難にする行為をしてはならない。

1 喫煙専用室設置施設等の管理権原者が第33条第6項の規定により喫煙専用室標識を除去する場合、同条第7項の規定により喫煙専用室設置施設等標識を除去する場合又は第34条第1項の規定による勧告若しくは同条第3項の規定に基づく命令に係る措置として喫煙専用室標識及び喫煙専用室設置施設等標識を除去する場合

2 喫煙目的室設置施設の管理権原者が第35条第9項の規定により喫煙目的室標識を除去する場合、同条第10項の規定により喫煙目的室設置施設標識を除去する場合又は前条第1項若しくは第2項の規定による勧告若しくは同条第4項の規定に基づく命令に係る措置として喫煙目的室標識及び喫煙目的室設置施設標識を除去する場合

（立入検査等）

第38条 都道府県知事は、この節の規定の施行に必要な限度において、特定施設等の管理権原者等に対し、当該特定施設等の喫煙禁止場所における専ら喫煙の用に供させるための器具及び設備の撤去その他の受動喫煙を防止するための措置の実施状況に関し報告をさせ、又はその職員に、特定施設等に立ち入り、当該措置の実施状況若しくは帳簿、書類その他の物件を検査させ、若しくは関係者に質問させることができる。

② 前項の規定により立入検査又は質問をする職員は、その身分を示す証明書を携帯し、関係者に提示しなければならない。

③ 第1項の規定による権限は、犯罪捜査のために認められたものと解釈してはならない。

（適用関係）

第39条 第一種施設の場所に第一種施設以外の特定施設に該当する場所がある場合にお

いては、当該場所については、第一種施設の場所としてこの章の規定を適用する。

② 旅客運送事業鉄道等車両の場所又は旅客運送事業船舶の場所において現に運行している旅客運送事業自動車の内部の場所については、旅客運送事業自動車に関するこの章の規定を適用する。

③ 旅客運送事業自動車の場所又は旅客運送事業航空機の場所に特定施設に該当する場所がある場合においては、当該場所については、旅客運送事業自動車の場所又は旅客運送事業航空機の場所としてこの章の規定を適用する。

④ 旅客運送事業鉄道等車両の場所又は旅客運送事業船舶の場所に特定施設に該当する場所がある場合においては、当該場所については、特定施設の場所としてこの章の規定を適用する。

⑤ 特定施設の場所において現に運行している旅客運送事業自動車等の内部の場所については、旅客運送事業自動車等に関するこの章の規定を適用する。

（適用除外）

第40条 次に掲げる場所については、この節の規定（第30条第4項及びこの条の規定を除く。以下この条において同じ。）は、適用しない。

1 人の居住の用に供する場所

2 旅館業法（昭和23年法律第138号）第2条第1項に規定する旅館業の施設の客室の場所（同条第3項に規定する簡易宿所営業の施設及び同条第4項に規定する下宿営業の施設の客室（個室を除く。）の場所を除く。）

3 その他前号に掲げる場所に準ずる場所として政令で定めるもの

【健康増進法施行令】 令和2年4月1日施行

（適用除外）

第6条 法第40条第1項第3号の政令で定める場所は、次に掲げる場所とする。

1 法第28条第11号に規定する旅客運送事業鉄道等車両又は同条第12号に規定する旅客運送事業船舶の客室（宿泊の用に供する個室に限る。）の場所

2 宿泊施設の客室（個室に限る。）の場所（法第40条第1項第2号に規定する場所を除く。）

② 特定施設等の場所に前項各号に掲げる場所に該当する場所がある場合においては、当該特定施設等の場所（当該同項各号に掲げる場所に該当する場所に限る。）については、この節の規定は、適用しない。

③ 特定施設等の場所において一般自動車等（旅客運送事業自動車等以外の自動車、航空機、鉄道車両又は船舶をいう。）が現に運行している場合における当該一般自動車等の内部の場所については、この節の規定は、適用しない。

（受動喫煙に関する調査研究）

第41条 国は、受動喫煙に関する調査研究その他の受動喫煙の防止に関する施策の策定に必要な調査研究を推進するよう努めなければならない。

（経過措置）

第42条 この章の規定に基づき政令又は厚生労働省令を制定し、又は改廃する場合においては、それぞれ、政令又は厚生労働省令で、その制定又は改廃に伴い合理的に必要と判断される範囲内において、所要の経過措置（罰則に関する経過措置を含む。）を定め

ることができる。

第９章　罰則

第76条　次の各号のいずれかに該当する者は、50万円以下の過料に処する。

1　第32条第3項、第34条第3項又は第36条第4項の規定に基づく命令に違反した者

2　第33条第3項、第35条第3項又は第37条の規定に違反した者

第77条　次の各号のいずれかに該当する者は、30万円以下の過料に処する。

1　第29条第2項の規定に基づく命令に違反した者

2　第33条第7項又は第35条第10項の規定に違反した者

第78条　次の各号のいずれかに該当する者は、20万円以下の過料に処する。

1　第35条第6項の規定による帳簿を備え付けず、帳簿に記載せず、若しくは虚偽の記載をし、又は帳簿を保存しなかった者

2　第38条第1項の規定による報告をせず、若しくは虚偽の報告をし、又は同項の規定による検査を拒み、妨げ、若しくは忌避し、若しくは同項の規定による質問に対して答弁をせず、若しくは虚偽の答弁をした者

附則

（施行期日）

第1条　この法律は、平成32年4月1日から施行する。ただし、次の各号に掲げる規定は、当該各号に定める日から施行する。

1　附則第7条の規定　公布の日

2　第1条及び附則第11条の規定　公布の日から起算して6月を超えない範囲内において政令で定める日

3　第2条並びに附則第5条第1項及び第6条の規定　公布の日から起算して1年6月を超えない範囲内において政令で定める日（既存特定飲食提供施設に関する特例）

第2条　既存特定飲食提供施設についてのこの法律の施行の日から受動喫煙（第3条の規定による改正後の健康増進法（以下「新法」という。）第28条第3号に規定する受動喫煙をいう。附則第5条第1項を除き、以下同じ。）の防止に関する国民の意識及び既存特定飲食提供施設における受動喫煙を防止するための取組の状況を勘案し別に法律で定める日までの間における新法第29条第1項第2号、第33条及び第34条の規定の適用については、次の表の上欄に掲げる新法の規定中同表の中欄に掲げる字句は、それぞれ同表の下欄に掲げる字句とする。

第29条第1項第2号イ及び第33条の見出し	喫煙専用室	喫煙可能室
第33条第1項	一部	全部又は一部
	専ら喫煙	喫煙

第33条第2項	を専ら喫煙	喫煙
	この節	この条及び次条第1項
	喫煙専用室標識	喫煙可能室標識
第33条第2項	を専ら喫煙	を喫煙
	この節	この条及び次条第1項
	喫煙専用室標識	喫煙可能室標識
第33条第2項第1号	専ら喫煙	喫煙
第33条第3項	喫煙専用室標識を	喫煙可能室標識を
	この節	この条及び次条第1項
	喫煙専用室設置施設等標識	喫煙可能室設置施設標識
第33条第3項第1号	喫煙専用室（	喫煙可能室（
	喫煙専用室標識	喫煙可能室標識
第33条第4項	喫煙専用室が	喫煙可能室が

（以下省略）

編著　一般社団法人 日本労働安全衛生コンサルタント会

執筆　小林　繁男（小林労働安全衛生コンサルタント事務所 所長）

春木　宥子（THP オフィス島根　代表　労働衛生コンサルタント）

（松江記念病院健康支援センター 顧問）

藤田　雄三（藤田労働衛生コンサルタント事務所 所長）

職場の受動喫煙防止の進め方
改正健康増進法対応！

令和２年３月26日　第１版第１刷発行

編　　著　一般社団法人
日本労働安全衛生コンサルタント会
発 行 者　三田村　憲明
発 行 所　中央労働災害防止協会
〒108-0023
東京都港区芝浦３丁目17番12号
吾妻ビル９階
電話　販売　03（3452）6401
編集　03（3452）6209
印刷・製本　新日本印刷株式会社

落丁・乱丁本はお取り替えいたします。

ISBN978-4-8059-1899-9 C3060
中災防ホームページ　https://www.jisha.or.jp/